上海師範大學古籍整理研究所編
主編　朱易安　傅璇琮　周常林　戴建國（常務）

全宋筆記

第二編 三

大象出版社

顧　問　王水照　朱瑞熙　徐　規

主　編　朱易安　傅璇琮　周常林　戴建國（常務）

編纂委員會（以姓氏筆劃爲序）

朱易安　李亞娜　周常林　俞　鋼　查清華　耿相新

徐時儀　陳　新　張劍光　傅璇琮　虞雲國　戴建國

本編執行主編　虞雲國

目録

夢溪筆談

⊙沈　括　撰
胡静宜　整理

點校説明

《夢溪筆談》二十六卷、《補筆談》三卷、《續筆談》一卷，宋沈括撰。沈括（一〇三一——一〇九五），字存中，錢塘（今浙江杭州）人。嘉祐八年（一〇六三）進士。治平三年（一〇六六）爲昭文館校勘。熙寧五年（一〇七二）提舉司天監，八年爲翰林學士、權三司使。元豐三年（一〇八二），知延州，爲鄜延路經略安撫使，因永樂城陷不能救，謫爲均州團練副使。後復光禄少卿，分司南京。晚年居潤州（今鎮江）夢溪園，《筆談》大部分内容寫於此，紹聖二年卒，年六十五歲。

《筆談》成書後不久便被鏤版流傳。現通行本《筆談》二十六卷，以乾道二年（一一六六）湯脩年揚州州學本爲祖本，分十七目。在揚州州學本前有一揚州公庫刊本，此外大概還有一個三十卷本，現都無法見到。《補筆談》、《續筆談》較爲晚出，當是據沈括遺稿刊印的。最初出現的《補筆談》每篇首標明「補某卷前、中、後某件」等字，共補三十卷，當據三十卷本補的，中多舛誤。明崇禎四年（一六三一），嘉定馬元調認爲書止二十六卷，遂打破原來的形式，根據《筆談》十七目，《故事》補《故事》，《辯證》補《辯證》，共補十一目，分三卷。連同《筆談》、《續筆談》一起刊行。清光緒二十年（一九〇六），番禺陶氏據馬本重校刊行，爲愛日精廬活字本。

這次點校，《夢溪筆談》以《四部叢刊》續編影印明覆宋本爲底本，校以愛日精廬活字本（簡稱愛廬本)、《四庫全書》文淵閣本(簡稱四庫本)。《補筆談》、《續筆談》以新興書局有限公司《筆記小説大觀叢刊》影印馬元調本爲底本,校以四庫本、張海鵬學津討原本(簡稱學津本),并參攷陶氏重校本。

《筆談》内容涉及許多專門學問,易産生訛舛。湯脩年在揚州州學刊本跋中已指出有「疑者」,因「無他本,不敢以意驟易」。可見乾道本舛誤已多。今北宋初刻本雖不可見,但在宋人筆記、文集、史籍、類書中多有引用。本書用了阮閲的《詩話總龜》(簡稱《總龜》),江少虞的《皇朝事實類苑》(簡稱《類苑》),書中引文當是據乾道以前的本子。此外,第二十六卷《藥議》則以《知不足齋叢書》第十七集《蘇沈内翰良方》(簡稱《良方》)中相同内容校刊。

本書點校,參攷了胡道靜先生的研究成果。

目録

自序

予退處林下，深居絶過從，思平日與客言者，時紀一事于筆，則若有所晤言，蕭然移日。所與談者，唯筆硯而已，謂之《筆談》。聖謨國政，及事近宫省，皆不敢私紀。至於繫當日士大夫毁譽者，雖善亦不欲書，非止不言人惡而已。所録唯山間木蔭，率意談噱，不繫人之利害者，下至閭巷之言，靡所不有。亦有得於傳聞者，其間不能無缺謬。以之爲言則甚卑，以予爲無意於言可也。

卷一

故事一

上親郊郊廟【一】，册文皆曰「恭薦歲事」。先景靈宮，謂之「朝獻」，次太廟，謂之「朝饗」，末乃有事于南郊。予集《郊式》時曾預討論，常疑其次序若先爲尊，則郊不應在廟後，若後爲尊，則景靈宮不應在太廟之先。求其所從來，蓋有所因。按唐故事，凡有事於上帝，則百神皆預遣使祭告，唯太清宮、太廟則皇帝親行，其册祝皆曰「取某月某日有事于某所，不敢不告」。宮廟謂之「奏告」，餘皆謂之「祭告」。唯有事于南郊，方爲「正祠」。至天寶九載，乃下詔曰：「告者，上告下之詞，今後太清宮宜稱『朝獻』，太廟稱『朝饗』。」自此遂失奏告之名，册文皆謂「正祠」。

正衙法座，香木爲之，加金飾，四足，墮角，其前小偃，織藤冒之。每車駕出幸，則使老內臣馬上抱之，曰「駕頭」。輦後曲蓋謂之「筤」，兩扇夾心，通謂之「扇筤」。皆繡，亦有銷金者，即古之「華蓋」也。

唐翰林院在禁中，乃人主燕居之所，玉堂、承明、金鑾殿皆在其間。應供奉之人，自學

校勘記

【一】上親郊郊廟　愛廬本，四庫本不重「郊」字。

士已下，工伎群官司隸籍其間者，皆稱「翰林」，如今之翰林醫官、翰林待詔之類是也。唯翰林茶酒司止稱「翰林司」，蓋相承闕文。

唐制，自宰相而下，初命皆無宣召之禮，惟學士宣召。蓋學士院在禁中，非内臣宣召無因得入，故院門别設複門，亦以其通禁庭也。又學士院北扉者，爲其在浴堂之南，便於應召。今學士初拜，自東華門入，至左承天門下馬待詔，院吏自左承天門雙引至閤門，此亦用唐故事也。唐宣召學士自東門入者，彼時學士院在西掖，故自翰林院東門赴召，非若今之東華門也。至如挽鈴故事，亦緣其在禁中，雖學士院吏，亦止于玉堂門外，則其嚴密可知。如今學士院在外，與諸司無異，亦設鈴索，悉皆文具故事而已。

學士院玉堂，太宗皇帝曾親幸，至今唯學士上日許正坐，他日皆不敢獨坐。故事：堂中設視草臺，每草制，則具衣冠據臺而坐。今不復如此，但存空臺而已。玉堂東承旨閤子窗格上有火燃處，太宗嘗夜幸玉堂，蘇易簡爲學士，已寢，遽起，無燭具衣冠，宫嬪自窗格引燭入照之，至今不欲更易，以爲玉堂一盛事。

東西頭供奉官，本唐從官之名。自永徽以後，人主多居大明宫，别置從官，謂之東頭供奉官，西内具員不廢，則謂之西頭供奉官。

唐制：兩省供奉官東西對立，謂之「蛾眉班」。國初，供奉班於百官前横列。王溥罷相，爲東宫一品，班在供奉班之後，遂令供奉班依舊分立。慶曆，賈安公爲中丞，以東西班對拜爲非禮，復令横行。至今，初叙班分立，百官班定，乃轉班横行，參罷復分立，百官班退乃出。參用舊制也。

衣冠故事多無著令，但相承爲例。如學士、舍人躡履，見丞相往還用平狀，扣堦乘馬之類，皆用故事也。近歲多用靴簡，章子厚爲學士日，因事論列，今則遂爲著令矣。

中國衣冠，自北齊以來乃全用胡服。窄袖緋緑，短衣，長靿靴，有鞢韄帶，皆胡服也。窄袖利於馳射，短衣長靿皆便於涉草。胡人樂茂草，常寢處其間，予使北時，皆見之，雖王庭亦在深薦中。予至胡庭日，新雨過，涉草，衣袴皆濡，唯胡人都無所霑。帶衣所垂蹀躞，蓋欲佩帶弓劍、帉帨、筭囊、刀礪之類。自後雖去蹀躞，而猶存其環，環所以銜蹀躞，如馬之鞦根，即今之帶銙也。天子必以三環爲節，唐武德、貞觀時猶爾。開元之後，雖仍舊俗，而稍褎博矣【二】。然帶鉤尚穿帶本爲孔，本朝加順折，茂人文也。

幞頭一謂之「四脚」，乃四帶也。二帶繫腦後垂之，折帶反繫頭上【三】，令曲折附頂，故亦謂之「折上巾」。唐制，唯人主得用硬脚。晚唐方鎮擅命，始僭用硬脚。本朝幞頭有直脚、局脚、交脚、朝天、順風，凡五等，唯直脚貴賤通服之。又庶人所戴頭巾，唐人亦謂之「四脚」，蓋兩脚繫腦後，兩脚繫頷下，取其服勞不脱也。無事則反繫于頂上。今人不復繫頷下，兩帶遂爲虚設。

唐中書指揮事謂之「堂帖子」。曾見唐人堂帖，宰相簽押，格如今之「堂劄子」也。

【二】而稍褎博矣　「褎」原作「裹」，據愛盧本、四庫本改。

【三】折帶反繫頭上　「折帶」，《類苑》卷三二作「二帶」。

予及史館檢討時，議密院劄子問宣頭所起。予按唐故事，中書舍人職掌詔誥【四】，皆寫四本，一本爲底，一本爲宣。此宣謂行出耳，未以名書也。晚唐樞密使自禁中受旨，出付中書，即謂之「宣」。中書承受録之于籍，謂之「宣底」。今史館中尚有故宣底二卷，如今之「聖語簿」也。梁朝初置崇政院，專行密命，至後唐莊宗，復樞密使，使郭崇韜、安重誨爲之，始分領政事，不關由中書直行下者，謂之「宣」，如中書之「勑」，小事則發頭子、擬堂帖也。至今樞密院用宣及頭子，本朝樞密院亦用劄子。但中書劄子，宰相押字在上，次相及參政以次向下。樞密院劄子，樞長押字在下，副貳以次向上，以此爲別。頭子唯給驛馬之類用之。

百官於中書見宰相，九卿而下，即省吏高聲唱一聲「屈」，則趨而入。宰相揖及進茶，皆抗聲贊唱，謂之「屈揖」。待制以上見，則言「請某官」，更不屈揖，臨退仍進湯。皆於席南横設百官之位，升朝則坐，京官已下皆立。後殿引臣寮，則待制已上，宣名拜舞，庶官但贊拜，不宣名，不舞蹈。中書略貴者，示與之抗也，上前則略微者，殺禮也。

唐制：丞郎拜官即籠門謝。今三司副使已上拜官，則拜舞于階上，百官拜于階下而不舞蹈，此亦籠門故事也。

學士院第三廳學士閤子，當前有一巨槐，素號「槐廳」。舊傳居此閤者多至入相。學士争槐廳，至有抵徹前人行李而强據之者。予爲學士時目觀此事。

【四】中書舍人職掌詔誥　「掌詔誥」原作「堂語詔」，據《類苑》卷二六、《説郛》卷七改。

諫議班在知制誥上，若帶待制，則在知制誥下，從職也。戲語謂之「帶墜」。《集賢院記》：「開元故事：　校書官許稱『學士』。」今三館職事皆稱「學士」，用開元故事也。

館閣新書净本有悮書處，以雌黄塗之。嘗校改字之法：刮洗則傷紙，紙貼之又易脱，粉塗則字不没，塗數遍方能漫滅。唯雌黄一漫則滅，仍久而不脱。古人謂之「鉛黄」，蓋用之有素矣。

予爲鄜延經略使日，新一廳謂之「五司廳」。延州正廳乃都督廳，治延州事。五司廳治鄜延路軍事，如唐之使院也。五司者，經略、安撫、總管、節度、觀察也。唐制：方鎮皆帶節度、觀察、處置三使。今節度之職多歸總管司，觀察歸安撫司，處置歸經略司。其節度、觀察兩案并支掌推官、判官，今皆治州事而已。經略、安撫司不置佐官，以帥權不可更不專也。都總管、副總管、鈐轄、都監同簽書，而皆受經略使節制。

銀臺司兼門下封駁，乃給事中之職，當隸門下省，故事乃隸樞密院。下寺監皆行劄子，寺監具申狀，雖三司亦言「上」。銀臺主判不以官品，初冬獨賜翠毛錦袍。學士以上，自從本品行案用樞密院雜司人吏。主判食樞密厨，蓋樞密院子司也。

大駕鹵簿中有勘箭，如古之勘契也。其牡謂之「雄牡箭」，牝謂之「闢仗箭」，本胡法也。熙寧中罷之。

前世藏書分隸數處，蓋防水火散亡也。今三館、秘閣凡四處藏書，然同在崇文院。其間官書多爲人盜竊，士大夫家往往得之。嘉祐中，置編校官八員，雜讎四館書，給吏百人，悉以黄紙爲大册寫之，自此私家不敢輒藏。校讎累年，僅能終昭文一館之書而罷。

舊翰林學士地勢清切，皆不兼他務。文館職任，自校理以上皆有職錢，唯内外制不給。楊大年久爲學士，家貧請外，表辭千餘言，其間兩聯曰：「虚忝甘泉之從臣，終作莫敖之餒鬼。」「從者之病莫興，方朔之飢欲死。」

京師百官上日，唯翰林學士勅設用樂，他雖宰相亦無此禮。優伶並開封府點集。陳和叔除學士，時和叔知開封府，遂不用女優。學士院勅設不用女優，自和叔始。

禮部貢院試進士日，設香案于堦前，主司與舉人對拜，此唐故事也。所坐設位供張甚盛，有司具茶湯飲漿。至試經生，則悉徹帳幕氊席之類，亦無茶湯，渴則飲硯水，人人皆黔其吻。非故欲困之，乃防氊幕及供應人私傳所試經義，蓋嘗有敗者，故事爲之防。歐文忠有詩：「焚香禮進士，徹幕待經生。」以爲禮數重輕如此，其實自有謂也。

嘉祐中，進士奏名訖，未御試，京師妄傳王俊民爲狀元，不知言之所起，人亦莫知俊民爲何人。及御試，王荊公時爲知制誥，與天章閣待制楊樂道二人爲詳定官。舊制：御試舉人，設初考官，先定等第，復彌之，以送覆考官，再定等第。乃付詳定官，發初考官所定等，以對覆考之等，如同即已，不同則詳其程文，當從初考，或從覆考爲定，即不得别立等。

是時王荊公以初覆考所定第一人皆未允當，於行間别取一人爲狀首，楊樂道守法，以爲不可。議論未決，太常少卿朱從道時爲封彌官，聞之，謂同舍曰：「二公何用力爭，從道十日前已聞王俊民爲狀元，事必前定，二公恨自苦耳。」既而二人各以己意進稟，而詔從荊公之請。及發封，乃王俊民也。詳定官得别立等自此始，遂爲定制。

選人不得乘馬入宫門。天聖中，選人爲館職，始歐陽永叔、黄鑑輩，皆自左掖門下馬入館，當時謂之「步行學士」。嘉祐中，於崇文院置編校局【五】，校官皆許乘馬至院門。其後中書五房置習學公事官，亦緣例乘馬赴局。

車駕行幸，前驅謂之「隊」，則古之「清道」也。其次衛仗，「衛仗」者，視闌入宫門法，則古之「外仗」也。其中謂之「禁圍」，如殿中仗。天官掌舍，無宫則供人門，今謂之「殿門文武官」【六】，極天下長人之選八人，上御前殿，則執鉞立于紫宸門下，行幸則爲「禁圍門」，行于仗馬之前。又有衡門十人，隊長一人，選諸武力絶倫者爲之。上御後殿，則執撾東西對立于殿前，亦古之虎賁、人門之類也。

予嘗購得後唐閔帝應順元年案檢一通，乃除宰相劉昫兼判三司堂檢【七】。前有擬狀云：「具官劉昫右，伏以劉昫經國才高，正君志切，方屬體元之運，實資謀始之規。宜注宸衷，委司判計，漸期富庶，永賛聖明。臣等商量，望授依前中書侍郎兼吏部尚書、同中書門下平章事，充集賢殿大學士兼判三司，散官勳封如故。未審可否？如蒙允許，望付翰

【五】於崇文院置編校局　「文」，原空缺，據愛廬本、四庫本補。

【六】殿門文武官　「文」原作「天」，據愛廬本、四庫本改。

【七】乃除宰相劉昫兼判三司堂檢　「昫」原作「句右」，據《類苑》卷二、七卷三二改。下同。

林降制處分。謹録奏聞。」其後有制書曰：「宰臣劉昫，可兼判三司公事，宜令中書門下依此施行。付中書門下准此，四月十日。」用御前新鑄之印，與今政府行遣稍異。本朝要事對稟，常事擬進入，畫「可」然後施行，謂之「熟狀」。事速不及待報，則先行下，具制草奏知【八】，謂之「進草」。熟狀白紙書，宰相押字，他執政具姓名。進草即黄紙書，宰臣執政皆於狀背押字。堂檢宰執皆不押，唯宰屬於檢背書日，堂吏書名用印。此擬狀有詞，宰相押檢不印。此其爲異也。大率唐人風俗，自朝廷下至郡縣，決事皆有詞，謂之「判」，則書判科是也。押檢二人，乃馮道、李愚也。狀檢瀛王親筆，甚有改竄勾抹處。按《舊五代史》：「應順元年四月九日己卯，鄂王薨。庚辰，以宰相劉昫判三司。」正是十日，與此檢無差。宋次道記《開元宰相奏請》，鄭畋《鳳池藁草》、《擬狀注制集》悉多用四六，皆宰相自草。今此擬狀，馮道親筆，蓋故事也。

舊制：中書、樞密院、三司使印並塗金。近制：三省、樞密院印用銀爲之，塗金。餘皆鑄銅而已。

【八】具制草奏知　「具」下衍「先行下具」四字，據同前删。

卷二

故事二

三司使班在翰林學士之上，舊制權使即與正同，故三司使結銜皆在官職之上。慶曆中，葉道卿爲權三司使，執政有欲抑道卿者，降勑時，移權三司使在職下結銜，遂立翰林學士之下。至今爲例。後嘗有人論列，結銜雖依舊，而權三司使初除，閤門取旨，間有叙學士者，然不爲定制。

宗子授南班官，世傳王文正太尉爲宰相日，始開此議，不然也。故事：宗子無遷官法，唯遇稀曠大慶，則普遷官。景祐中，初定祖宗並配南郊，宗室欲緣大禮乞推恩，使諸王宫教授刁約草表上聞。後約見丞相王沂公，公問前日宗室乞遷官表何人所爲，約未測其意，答以不知。歸而思之，恐事窮且得罪，乃再詣相府。沂公問之如前，約愈恐，不復敢隱，遂以實對。公曰：「無他，但愛其文詞耳。」再三嘉奬，徐曰：「已得旨別有措置，更數日當有指揮。」自此遂有南班之授。近屬自初除小將軍，凡七遷則爲節度使，遂爲定制。諸宗子以千縑謝約，約辭不敢受。予與刁親舊，刁嘗出表藁以示予。

大理法官皆親節案，不得使吏人。中書檢正官不置吏人，每房給楷書一人，録净而已。蓋欲士人躬親職事，格吏姦，兼歷試人才也。

太宗命創方團毬帶賜二府文臣。其後樞密使兼侍中張耆、王貽永皆特賜，李用和、曹郡王皆以元舅賜，近歲宣徽使王君貺以耆舊特賜，皆出異數，非例也。

近歲京師士人朝服乘馬，以黲衣蒙之，謂之「凉衫」，亦古之遺法也，《儀禮》「朝服加景」是也。但不知古人制度章色如何耳。

内外制凡草制除官，自給諫待制以上皆有潤筆物。太宗時，立潤筆錢數，降詔刻石于舍人院。每除官，則移文督之，在院官下至吏人、院騶皆分霑。元豐中，改立官制，内外制皆有添給。罷潤筆之物。

唐制，官序未至，而以他官權攝者爲「直官」，如許敬宗爲「直記室」是也。國朝學士舍人皆置直院。熙寧中，復置直舍人學士院，但以資淺者爲之，其實正官也。熙寧六年，舍人皆遷罷，閣下無人，乃以章子平權知制誥，而不除直院者，以其暫攝也。古之兼官，多是暫時攝領，有長兼者，即同正官。予家藏《海陵王墓誌》，謝朓文，稱兼中書侍郎。

三司、開封府、外州長官升廳事，則有衙吏前導告喝。國朝之制，在禁中唯三官得告，宰相告于中書【一】，翰林學士告于本院，御史告于朝堂，皆用朱衣吏，謂之「三告官」。所經過處【二】，閣吏以梃扣地警衆，謂之「打杖子」。兩府親王，自殿門打至本司及上馬處，

【一】唯三官得告宰相告于中書　「官得告宰相」原作「告官打杖子」，據愛廬本、四庫本改。

【二】所經過處　「處」原作「皆」，據愛廬本、四庫本改。

宣徽使打于本院，三司使、知開封府打于本司，近歲寺監長官亦打，非故事。前宰相赴朝，亦有特旨許張蓋打杖子者，系臨時指揮，執絲梢鞭入内。自三司副使以上，副使唯乘紫絲暖座從入，隊長持破木梃。自待制以上，近歲寺監長官持藤杖，非故事也。百官儀範，著令之外，諸家所記尚有遺者。雖至猥細，亦一時儀物也。

國朝未改官制以前，異姓未有兼中書令者，唯贈官方有之。元豐中，曹郡王以元舅特除兼中書令，下度支給俸。有司言：「自來未有活中書令請受則例。」

都堂及寺觀百官會集坐次，多出臨時。唐以前故事皆不可考。唯顔真卿與左僕射定襄郡王郭英乂書云：「宰相、御史大夫、兩省五品、供奉官自爲一行，十二衛、大將軍次之，三師、三公、令僕、少師、保傅、尚書、左右丞、侍郎自爲一行，九卿、三監對之。從古以來未嘗參錯。」此亦略見當時故事，今録于此以備闕文。

賜功臣號，始於唐德宗奉天之役。自後藩鎮下至從軍資深者，例賜功臣。本朝唯以賜將相。熙寧中，因上皇帝尊號，宰相率同列面請三四，上終不允，曰：「徽號正如卿等功臣，何補名實？」是時吴正憲爲首相，乃請止功臣號，從之。自是群臣相繼請罷，遂不復賜。

卷三

辯證一

鈞石之石，五權之名，石重百二十斤。後人以一斛爲一石，自漢已如此，「飲酒一石不亂」是也。挽蹶弓弩，古人以鈞石率之，今人乃以粳米一斛之重爲一石。凡石者，以九十二斤半爲法，乃漢秤三百四十一斤也。今之武卒蹶弩，有及九石者，計其力乃古之二十五石，比魏之武卒，人當二人有餘。弓有挽三石者，乃古之三十四鈞，比顔高之弓，人當五人有餘。此皆近歲教養所成。以至擊刺馳射，皆盡夷夏之術，器仗鎧冑，極今古之工巧。武備之盛，前世未有其比。

《楚詞・招魂》尾句皆曰「些」。蘇箇反。今夔峽、湖湘及南北江獠人凡禁呪句尾皆稱「些」。此乃楚人舊俗，即梵語「薩嚩訶」也。薩音桑葛反，嚩無可反，訶從去声。三字合言之，即「些」字也。

陽燧照物皆倒，中間有礙故也。筭家謂之「格術」，如人摇艣，臬爲之礙故也。若鳶飛空中，其影隨鳶而移，或中間爲窗隙所束，則影與鳶遂相違。鳶東則影西，鳶西則影東，又如窗隙中樓塔之影，中間爲窗所束，亦皆倒垂，與陽燧一也。陽燧面窪，以一指迫而照之則正，漸遠則無所見，過此遂倒。其無所見處，正如窗隙、艣臬、腰鼓礙之。本末相格，遂成摇艣之勢，故舉手則影愈下，下手則影愈上，此其可見。陽燧面窪，向日照之，光皆聚向内，離鏡一二寸，光聚爲一點，大如麻菽，着物則火發，此則腰鼓最細處也。豈特物爲然，人亦如是，中間不爲物礙者鮮矣。小則利害相易，是非相反。大則以己爲物，以物爲己。不求去礙而欲見不顛倒，難矣哉。《酉陽雜俎》謂「海翻則塔影倒」，此妄説也。影入窻隙則倒，乃其常理。

先儒以日食正陽之月，止謂四月，不然也。正陽，乃兩事。正謂四月，陽謂十月。「歲月陽止」是也。詩有「正月繁霜」，「十月之交，朔月辛卯，日有食之，亦孔之醜」。二者，此先王所惡也。蓋四月純陽，不欲爲陰所侵，十月純陰，不欲過而干陽也。

予爲《喪服後傳》，書成。熙寧中，欲重定五服勅，而予預討論。雷、鄭之學，闕謬固多，其間高祖遠孫一事尤爲無義。喪服但有曾祖齊衰五月，遠曾緦麻三月，而無高祖遠孫服。先儒皆以謂服同曾祖曾孫，故不言可推而知。或曰「經之所不言則不服」，皆不然也。曾，重也。由祖而上者，皆曾祖也。由孫而下者，皆曾孫也，雖百世可也。苟有相逮者則必爲服喪三月。故雖成王之於后稷，亦稱「曾孫」，而祭禮祝文無遠近皆曰「曾孫」。禮所謂以五爲九者，謂傍親之殺也。上殺下殺至于九，傍殺至于四，而皆謂之「族」。族昆弟父母，族祖父母，族曾祖父母。過此則非其族也，非其族則爲之無服，唯正統不以族名，則是無絶道也。

舊傳黄陵二女，堯子舜妃。以二帝道化之盛，始于閨房，則二女當具任、姒之德。考其年歲，帝舜陟方之時，二妃之齒已百歲矣。後人詩騷所賦，皆以女子待之，語多瀆慢，皆禮義之罪人也。

歷代宫室中有謻門，蓋取張衡《東京賦》「謻門曲榭」也。説者謂「冰室門」。按《字訓》：「謻，别也。」《東京賦》但言别門耳，故以對「曲榭」，非有定處也。

水以漳名、洛名者最多，今略舉數處，趙晉之間有清漳、濁漳，當陽有漳水，灨上有漳水，鄣郡有漳江，漳州有漳浦，亳州有漳水，安州有漳水。洛中有洛水，北地郡有洛水，沙縣有洛水。此槩舉一二耳，其詳不能具載。予考其義，乃清濁相蹂者爲「漳」。章者，文也，别也。漳謂兩物相合有文章，且可别也。清漳、濁漳合于上黨，當陽即沮、漳合流，灨上即漳、湞合流，漳州予未曾目見，鄣郡即西、江合流，亳漳即漳、渦合流，雲夢即漳、鄖合流。此數處皆清濁合流，色理如蝃蝀，數十里方混。如璋亦從章。璋，王之左右之臣所執。詩云：「濟濟辟王，左右趣之。濟濟辟王，左右奉璋。」璋，圭之半體也，合之則成圭，王左右之臣合體一心，趣乎王者也。又諸侯以如聘，取其判合也。有事于山川，以其殺宗廟禮之半也。又「牙璋以起軍旅」，先儒謂「有鉏牙之飾于剡側」，不然也。牙璋判合之器也，當於合處爲牙，如今之「合契」。牙璋，牡契也。以起軍旅，則其牝宜在軍中，即虎符之法也。洛與落同義，謂水自上而下有投流處。今溷水、沱水天下亦多，先儒皆自有解。

解州鹽澤方百二十里。久雨，四山之水悉注其中，未嘗溢。大旱未嘗涸。滷色正赤，在版泉之下，俚俗謂之「蚩尤血」。唯中間有一泉，乃是甘泉，得此水然後可以聚。又其北有堯梢梢音消。水，一謂之巫咸河。大滷之水，不得甘泉和之，不能成鹽。唯巫咸水入則鹽不復結，故人謂之「無鹹河」，爲鹽澤之患，築大堤以防之，甚於備寇盜。原其理，蓋巫咸乃濁水，入滷中，則淤澱鹵脉，鹽遂不成，非有他異也。

《莊子》云：「程生馬。」嘗觀《文字注》：「秦人謂豹曰程。」予至延州，人至今謂虎豹爲「程」，蓋言蟲也。方言如此，抑亦舊俗也。

《唐六典》述五行，有禄、命、驛馬、湴河之目，人多不曉湴河之義。予在鄜延，見安南行營諸將閱兵馬籍，有稱「過范河損失」，問其何謂「范河」？乃越人謂淖沙爲「范河」，北人謂之「活沙」。予嘗過無定河，度活沙，人馬履之，百步之外皆動，澒澒然如人行幕上，其下足處雖甚堅，若遇其一陷，則人馬駞車應時皆没，至有數百人平陷無孑遺者。或謂此即「流沙」也。又謂沙隨風流，謂之「流沙」。湴，字書亦作埿。溝濫反。按古文，埿，深泥也。術書有「湴河」者，蓋謂陷運，如今之「空亡」也。

古人藏書辟蠹用芸。芸，香草也。今人謂之「七里香」者是也。葉類豌豆，作小叢生，其葉極芬香，秋後葉間微白如粉污，辟蠹殊驗。南人採置席下，能去蚤虱。予判昭文館時，曾得數株於潞公家，移植秘閣後，今不復有存者。香草之類，大率多異名，所謂蘭蓀，蓀，即今菖蒲是也。蕙，今零陵香是也。茝，今白芷是也。

祭禮有腥、燖、熟三獻。舊説以謂「腥、燖備太古、中古之禮」，予以爲不然。先王之於死者，以之爲無知則不仁，以之爲有知則不智。薦可食之熟，所以爲仁，不可食之腥、燖，所以爲智。又一説「腥、燖以鬼道接之，饋食以人道接之，致疑也」。或謂「鬼神嗜腥、燖」。此雖出於異説，聖人知鬼神之情狀，或有此理，未可致詰。

世以玄爲淺黑色，璊爲赭玉，皆不然也。玄乃赤黑色，鷰羽是也，故謂之玄鳥。熙寧中，京師貴人戚里多衣深紫色，謂之黑紫，與皂相亂，幾不可分，乃所謂玄也。璊，赭色也。「毳衣如璊」，音門。稷之璊色者謂之穈。穈字音門，以其色命之也。《詩》：「有穈有芑。」今秦人音穈，聲之訛也。穈色在朱黄之間，似乎赭，極光瑩，掬之粲澤熠熠如赤珠。此自是一色，似赭非赭，蓋所謂璊，色名也，而從玉，以其赭而澤，故以諭之也。猶鴾以色名而從鳥，以鳥色諭之也。

世間鍛鐵所謂鋼鐵者，用柔鐵屈盤之，乃以生鐵陷其間，泥封煉之，鍛令相入，謂之「團鋼」，亦謂之「灌鋼」。此乃僞鋼耳，暫假生鐵以爲堅。二三煉則生鐵自熟，仍是柔鐵，然而天下莫以爲非者，蓋未識真鋼耳。予出使至磁州鍛坊，觀煉鐵，方識真鋼。凡鐵之有鋼者，如麪中有筋，濯盡柔麪則麪筋乃見，煉鋼亦然，但取精鐵鍛之百餘火，每鍛稱之，一鍛一輕，至累鍛而斤兩不減，則純鋼也，雖百鍊不耗矣。此乃鐵之精純者，其色清明，磨瑩之則黯黯然青且黑，與常鐵逈異。亦有煉之至盡而全無鋼者，皆繫地之所産。

《詩》：「芄蘭之支，童子佩觿。」觿，解結錐也。芄蘭生莢支，出於葉間垂之，正如解結錐。所謂佩韘者，疑古人爲韘之制，亦當與芄蘭之葉相似，但今不復見耳。

江南有小栗謂之茅栗，茅音草茅之茅。以予觀之，此正所謂芧也【一】。則《莊子》所謂「狙公賦芧」者，芧音序。此文相近之誤也。

予家有閻博陵畫唐秦府十八學士，各有真贊，亦唐人書，多與舊史不同。姚柬，字思廉，舊史乃姚思廉，字簡之。蘇臺、陸元明、薛莊，《唐書》皆以字爲名。李元道、蓋文達、于志寧、許敬宗、劉孝孫、蔡允恭，《唐書》皆不書字。房玄齡，字喬年，《唐書》乃「房喬，字玄齡。」孔穎達，字穎達，《唐書》字仲達。蘇典籤，名從日從九，《唐書》乃從日從助。許敬宗、薛莊官皆直記室，《唐書》乃攝記室。蓋《唐書》成于後人之手，所傳容有訛謬，此乃當時所記也。以舊史考之，魏鄭公對太宗云：「目如懸鈴者佳。」則玄齡果名，非字也。然蘇世長，太宗召對真武門，問云：「卿何名長意短？」後乃爲學士，似爲學士時方更名耳。

唐貞觀中，勑下度支求杜若。省郎以謝朓詩云「芳洲採杜若」，乃責坊州貢之。當時以爲嗤笑。至如唐故事，中書省中植紫薇花，何異坊州貢杜若，然歷世循之，不以爲非。

【一】此正所謂芧也　「芧」原作「茅」，據愛盧本、四庫本改。

至今舍人院紫薇閣前植紫薇花【二】，用唐故事也。

漢人有飲酒一石不亂，予以制酒法較之，每麤米二斛釀成酒六斛六斗，今酒之至醨者，每秫一斛不過成酒一斛五斗，若如漢法，則粗有酒氣而已，能飲者飲多不亂，宜無足怪。然漢之一斛亦是今之二斗七升，人之腹中亦何容置二斗七升水耶？或謂石乃鈞石之石，百二十斤。以今秤計之，當三十二斤，亦今之三斗酒也。于定國飲酒數石不亂，疑無此理。

古說濟水伏流地中，今歷下凡發地皆是流水，世傳濟水經過其下。東阿亦濟水所經，取井水煮膠謂之「阿膠」。用攪濁水則清。人服之，下膈、疏痰、止吐。皆取濟水性趨下清而重，故以治淤濁及逆上之疾。今醫方不載此意。

予見人爲文章多言「前榮」。榮者，夏屋東西序之外屋翼也，謂之東榮、西榮。四注屋則謂之東霤、西霤。未知「前榮」安在？

宗廟之祭西向者，室中之祭也。藏主于西壁，以其生者之處奥也。即主祏而求之，所以西向而祭。至三獻則尸出于室。坐于户西南面，此堂上之祭也。户西謂之「扆」，設扆于此。左户右牖，户牖之間謂之「扆」。坐于户西，即當扆而坐也。上堂設位而亦東向者，設用室中之禮也。

「人而不爲《周南》、《召南》，其猶正牆面而立也。」《周南》、《召南》，樂名也。「胥鼓以《雅》以《南》」是也。《關雎》、《鵲巢》二南之詩而已，有樂有舞焉。學者之事，其始也

【二】紫薇閣前植紫薇花　「薇」原均作「微」，據愛盧本、四庫本改。

學《周南》、《召南》，末至于舞《大夏》、《大武》。所謂爲《周南》、《召南》者，不獨誦其詩而已。

《莊子》言：「野馬也，塵埃也。」乃是兩物。古人即謂野馬爲塵埃，如吴融云：「動梁間之野馬。」又韓偓云【三】：「窗裏日光飛野馬」，皆以塵爲野馬，恐不然也。野馬，乃田野間浮氣耳，遠望如群羊【四】，又如水波，佛書謂「如熱時野馬陽焰」，即此物也。

蒲蘆，説者以爲蜾蠃，疑不然。蒲蘆即蒲葦耳，故曰「人道敏政，地道敏藝」。夫政猶蒲蘆也，人之爲政猶地之藝蒲葦，遂之而已，亦行其所無事也。

予考樂律，及受詔改鑄渾儀，求秦、漢以前度量斗升：計六斗當今一斗七升九合，秤三斤當今十三兩，一斤當今四兩三分兩之一，一兩當今六銖半。爲升中方，古尺二寸五分十分分之三，今尺一寸八分百分分之四十五强。

十神太一：一曰太一，次曰五福太一，三曰天一太一，四曰地太一，五曰君基太一，六曰臣基太一，七曰民基太一，八曰大遊太一，九曰九氣太一，十曰十神太一。唯太一最尊，更無别名，止謂之太一，三年一移。後人以其别無名，遂對大遊而謂之小遊太一，此出於後人誤加之。京師東西太一宫，正殿祠五福，而太一乃在廊廡，甚爲失序。熙寧中，初營中太一宫，下太史考定神位，予時領太史，預其議論。今前殿祠五福，而太一别爲後殿，各全其尊，深爲得禮。然君基、臣基、民基避唐明帝諱改爲「棊」，至今仍襲舊名，未曾

【三】又韓偓云　「偓」原作「渥」，詩句「窗裏日光飛野馬」出自韓偓《玉山樵人集·安貧》。據改。

【四】遠望如群羊　「羊」，《總龜》卷二十九作「馬」。

改正。

予嘉祐中客宣州寧國縣，縣人有方璵者，其高祖方虔爲楊行密守將，總兵戍寧國以備兩浙。虔後爲吴人所擒，其子從訓代守寧國，故子孫至今爲寧國人。璵有楊溥與方虔、方從訓手教數十紙，紙札皆精善，教稱委曲書，押處稱「使」，或稱「吴王」。内一紙報方虔云：「錢鏐此月内已亡殁。」紙尾書「正月二十九日」。按《五代史》，錢鏐以後唐長興二年卒，楊溥天成四年已僭即僞位，豈得長興二年尚稱「吴王」？溥手教所指揮事甚詳，翰墨印記極有次序，悉是當時親跡。今按天成四年歲庚寅，長興二年歲壬辰，計差二年。溥手教予得其四紙，至今家藏。

卷四

辯證二

司馬相如《上林賦》叙上林諸水曰：「丹水、紫淵，灞、滻、涇、渭。八川分流，相背而異態。灝溔潢漾，東注太湖。」八川自入大河，大河去太湖數千里，中間隔太山及淮、濟、大江，何緣與太湖相涉？郭璞《江賦》云：「注五湖以漫漭，灌三江而漰沛。」《墨子》曰：「禹治天下，南爲江、漢、淮、汝，東流注之五湖。」孔安國曰：「自彭蠡江分爲三，入于震澤後，爲北江而入于海。」此皆未嘗詳考地理。江、漢至五湖自隔山，其末乃逶出五湖之下流，徑入于海，何緣入于五湖？淮、汝徑自徐州入海，全無交涉。《禹貢》云：「彭蠡既潴，陽鳥攸居。三江既入，震澤底定。」以對文言則彭蠡水之所潴，三江水之所入，非入于震澤也。震澤上源皆山環之，了無大川，震澤之委乃多大川，亦莫知孰爲三江者。蓋三江之水無所入，則震澤壅而爲害；三江之水有所入，然後震澤底定，此水之理也。

海州東海縣西北有二古墓，《圖誌》謂之「黄兒墓」。有一石碑已漫滅不可讀，莫知黄兒者何人。石延年通判海州，因行縣見之曰：「漢二踈東海人，此必其墓也。」遂謂之「二踈墓」。刻碑于其傍，後人又收入《圖經》。予按：踈廣，東海蘭陵人，蘭陵今屬沂州承縣，今東海縣乃漢之贛榆，自屬琅琊郡，非古之東海也。今承縣東四十里自有踈廣墓，其東又二里有踈受墓。延年不講地誌，但見今謂之東海縣，遂以二踈名之，極爲乖誤。大凡地名如此者至多，無足紀者。此乃予初仕爲沭陽主簿日，始見《圖經》中增此事，後世不知其因，往往以爲實録。謾誌于此，以見天下地書，皆不可堅信。其北又有「孝女塚」，廟貌甚盛，著在祀典。孝女亦東海人。贛榆既非東海故境，則孝女塚廟亦後人附會縣名爲之耳。

楊文公《談苑》記江南後主患清暑閣前草生，徐鍇令以桂屑布甎縫中，宿草盡死，謂《吕氏春秋》云「桂枝之下無雜木」，蓋桂枝味辛螫故也。然桂之殺草木，自是其性，不爲辛螫也。雷公《炮炙論》云：「以桂爲丁，以釘木中，其木即死。」一丁至微，未必能螫大木，自其性相制耳。

天下地名錯亂乖謬，率難考信。如楚章華臺，亳州城父縣，陳州商水縣，荆州江陵、長林、監利縣皆有之。乾谿亦有數處。據《左傳》楚靈王七年，成章華之臺與諸侯落之。杜預注：「章華臺在華容城中。」華容即今之監利縣，非岳州之華容也，至今有章華故臺在縣郭中，與杜預之説相符。亳州城父縣有乾谿，其側亦有章華臺，故臺基下往往得人骨，云楚靈王戰死于此。商水縣章華之側亦有乾谿。薛綜注張衡《東京賦》引《左氏傳》乃云

「楚子成章華之臺于乾谿」，皆誤説也，左傳實無此文。章華與乾谿，元非一處。楚靈王十二年，王狩于州來，使蕩侯、潘子、司馬督、囂尹午、陵尹喜帥師圍徐以懼吴，王次于乾谿。此則城父之乾谿。靈王八年許遷于夷者乃此地。十三年，公子比爲亂，使觀從從師于乾谿，王衆潰，靈王亡，不知所在。平王即位，殺囚，衣之王服而流諸漢，乃取葬之，以靖國人，而赴以乾谿。靈王實縊于芋尹申亥氏，他年，申亥以王柩告，乃改葬之，而非死于乾谿也。昭王二十七年，吴伐陳，王帥師救陳，次于城父。將戰，王卒于城父。而《春秋》又云：「弑其君于乾谿。」則後世謂靈王實死于是，理不足怪也。

今人守郡謂之「建麾」，蓋用顔延年詩「一麾乃出守」，此誤也。延年謂一麾者，乃指麾之麾，如武士「右秉白旄以麾」之麾，非旌麾之麾也。延年《阮始平》詩云：「屢薦不入官，一麾乃出守」者，謂山濤薦咸爲吏部郎，三上，武帝不用，後爲荀勖一擠【一】，遂出始平，故有此句。延年被擯，以此自託耳。自杜牧爲《登樂遊原》詩云：「擬把一麾江海去，樂遊原上望昭陵。」始謬用一麾，自此遂爲故事。

除拜官職謂「除其舊籍」，不然也。除，猶易也，以新易舊曰「除」，如新舊歲之交謂之「歲除」。《易》：「除戎器，戒不虞。」以新易弊，所以備不虞也。堦謂之除者，自下而上，亦更易之義。

世人畫韓退之，小面而美髯，著紗帽，此乃江南韓熙載耳。尚有當時所畫，題誌甚明。

【一】後爲荀勖一擠　「勖」原作「勉」，據黄朝英《緗素雜記》七改。

熙載，謚文靖，江南人謂之「韓文公」，因此遂謬以爲退之。退之肥而寡髯。元豐中，以退之從享文宣王廟，郡縣所畫皆是熙載，後世不復可辯，退之遂爲熙載矣。

今之數錢，百錢謂之「陌」者，借陌字用之，其實衹是百字，如什與伍耳。唐自皇甫鎛爲墊錢法，至昭宗末，乃定八十爲「百」。漢隱帝時，三司使王章每出官錢，又減三錢，以七十七爲「百」。輸官仍用八十。至今輸官錢有用八十陌者。

《唐書》：「開元錢重二銖四參。」今蜀部亦以十參爲一銖。參乃古之絫字，恐相傳之誤耳。

前史稱嚴武爲劍南節度使，放肆不法，李白爲之作《蜀道難》。按孟棨所記，白初至京師，賀知章聞其名首詣之，白出《蜀道難》，讀未畢，稱嘆數四。時乃天寶初也，此時白已作《蜀道難》。嚴武爲劍南乃在至德以後肅宗時，年代甚遠。蓋小説所記各得于一時見聞，本末不相知，率多舛誤，皆此文之類。李白《集》中稱刺章仇兼瓊，與《唐書》所載不同，此《唐書》誤也。

舊《尚書·禹貢》云：「雲夢土作乂。」太宗皇帝時得古本《尚書》作「雲土夢作乂」，詔改《禹貢》從古本。予按孔安國注「雲夢之澤在江南」，不然也。據《左傳》：「吴人入郢，楚子涉睢濟江入于雲中，王寢，盗攻之，以戈擊王，王奔鄖。」楚子自郢西走涉睢，則當出于江南，其後涉江入于雲中，遂奔鄖，鄖則今之安州。涉江而後至雲，入雲然後至鄖，則雲在江北也。《左傳》曰：「鄭伯如楚，王以田江南之夢。」杜預注云：「楚之雲、夢，跨江南北。」曰「江南之夢」則雲在江北明矣。元豐中，予自隨州道安陸入于漢口，有景陵主簿郭思者能言漢、沔間地理，亦以謂江南爲夢，江北爲雲。予以《左傳》驗之，思之説信然。江南則今之公安、石首、建寧等縣，江北則玉沙、監利、景陵等縣，乃水之所委，其地最下。江南二浙水出稍高，方土而夢已作乂矣。此古本之爲允也。

卷五

樂律一

《周禮》：「凡樂：圜鍾爲宮，黄鍾爲角，太蔟爲徵，姑洗爲羽。若樂六變，則天神皆降，可得而禮矣。函鍾爲宮，太蔟爲角，姑洗爲徵，南吕爲羽，若樂八變，即地祇皆出，可得而禮矣。黄鍾爲宮，大吕爲角，太蔟爲徵，應鍾爲羽，若樂九變，則人鬼可得而禮矣。」凡聲之高下列爲五等，以宮、商、角、徵、羽名之。爲之主者曰宮，次二曰商，次三曰角，次四曰徵，次五曰羽，此謂之「序」。名可易，序不可易。圜鍾爲宮，則黄鍾乃第五羽聲也，今則謂之角，雖謂之角，名則易矣，其實第五之聲安能變哉，强謂之角而已。先王爲樂之意，蓋不如是也。世之樂異乎郊廟之樂者，如圜鍾爲宮則林鍾角聲也。樂有用林鍾者則變而用黄鍾，此祀天神之音云耳，非謂能易羽以爲角也。函鍾爲宮則太蔟徵聲也。樂有用太蔟者則變而用姑洗，此求地祇之音云耳，非謂能易羽以爲徵也。黄鍾爲宮則南吕羽聲也。樂有用南吕者則變而用應鍾，此求人鬼之音云耳，非謂能變均外間聲以爲羽也。應鍾，黄鍾宮之變徵，文、武之世不用二變聲，所以在均外。鬼神之情當以類求之。朱絃越席，太羹明酒，所以交於冥莫者，異乎養道，此所以變其律也。聲之不用商，先儒以謂惡殺聲也。黃鍾之太蔟，函鍾之南呂，皆商也，是殺聲未嘗不用也。所以不用商者，商，中聲也。宮生徵，徵生商，商生羽，羽生角，故商爲中聲。降興上下之神，虛其中聲，人聲也。遺乎人聲，所以致一于鬼神也。宗廟之樂，宮爲之先，其次角，又次徵，又次羽。宮、角、徵、羽相次者，人樂之叙也。故以之求人鬼。世樂之叙宮、商、角、徵、羽，此但無商耳，其餘悉用，此人樂之叙也。何以知宮爲先，其次角，又次徵，又次羽？以律呂次叙知之也，黃鍾最長，大呂次長，太蔟又次，應鍾最短，此其叙也。圓丘、方澤之樂，皆以角爲先，其次徵，又次宮，又次羽。始于角木，木生火，火生土，土生水。越金，不用商也。木、火、土、水相次者，天地之叙，故以之禮天地。五行之叙：木生火，火生土，土生金，金生水。此但不用金耳，其餘悉用。此叙天地之叙也。何以知其角爲先，其次徵，又次宮，又次羽？以律呂次叙知之也。黃鍾最長，太蔟次長，圜鍾又次，姑洗又次，函鍾又次，南呂最短，此其叙也。此四音之叙也。天之氣始于子，故先以黃鍾；天之功畢于三月，故終之以姑洗。地之功見于正月，故先之以太蔟；畢于八月，故終之以南呂。幽陰之氣，鍾於北方，人之所終歸，鬼之所藏也。故先之以黃鍾，終之以應鍾。此三樂之始終也。角者物生之始也，徵者物之成，羽者物之終。天之氣始於十一月，至于正月，萬物萌動，地功見處則天功之成也，故地以太蔟爲角，天以太蔟爲徵。三月，萬物悉達，天功畢處則地功之成也，故天以姑洗爲羽，地以姑洗爲徵。八月，生物盡成，地之功終焉，故南呂以爲羽。圓丘樂雖以圜鍾爲宮，而曰「乃奏黃鍾以祀天神」。方澤樂雖以函鍾爲宮，而曰「乃奏太蔟以祭地祇」。蓋圜丘之樂始于黄鍾，方澤之樂始于太蔟也。天地之樂，止是世樂黄鍾一均耳。以此黄鍾一均分爲天地二樂，黄鍾之均，黄鍾爲宫，太蔟爲商，姑洗爲角，林鍾爲方澤樂而已。唯圜鍾一律，不在均内。天功畢于三月，則宫聲自合在徵之後，羽之前，正當用夾鍾也。二樂何以專用黄鍾一均？蓋黄鍾正均也。樂之全體，非十一均之類也。故《漢志》：「自黄鍾爲宫，則皆以正聲應，無有忽微【一】。他律雖當其月爲宫，則和應之律有空積忽微，不得其正。」其均起十一月，終于八月，統一歲之事也。他均則各主一月而已。古樂有下徵調，沈休文《宋書》曰：「下徵調法：黄鍾爲宫，南吕爲商，林鍾本正聲，黄鍾之徵變謂之下徵調。」馬融《長笛賦》曰：「反商下徵每各異。」善謂南吕本黄鍾之羽，變爲下徵之商，皆以黄鍾爲主而已。此天地相與之叙也。人鬼始于正北，成于東北，終于西北，萃于幽陰之地也。始于十一月而成于正月者，幽陰之魄稍出于東方也。全處幽陰則不與人接，稍出于東方，故人鬼可得而禮也。終則復歸于幽陰，復其常也。唯羽聲獨遠於他均者，世樂始於十一月，終於八月者，天地歲事之一終也。鬼道無窮，非若歲事之有卒，故盡十二律，然後終事先追遠之道，厚之至也。此廟樂之始終也，人鬼盡十二律爲義，則始于黄鍾，終于應鍾。以宫、商、角、徵、羽爲叙，則始于宫聲，自當以黄鍾爲宫也。天神始于黄鍾，終于姑洗，以木、火、土、金、水爲叙，則宫聲當在太蔟徵之後，姑洗羽之前，則自當以圜鍾爲宫也。地祇始于太蔟，終于南吕，以木、火、土、金、水爲叙，則宫聲當在姑洗徵之後，南吕羽之前。中間唯函鍾當均，自當以函鍾爲宫也。天神用圜鍾之後，姑洗之前，唯有一律，自然合用也。不曰夾鍾而曰圜鍾者，以天體言之也。不曰林鍾曰函鍾者，以地道言之也。黄鍾無異名，人道也。此三律爲宫，次叙定理，非可以意鑿也。圜鍾六變，函鍾八變，黄鍾九變，同會于卯，卯者，昏明之

【一】無有忽微　「微」原作「徵」，據《漢書·曆律志》第一上改，下同。

交，所以交上下，通幽明，合人神，故天神、地祇、人鬼可得而禮也。（自辰以往常在晝，自寅以來常在夜，故卯爲昏明之交，當其中間，晝夜夾之，故謂之夾鍾。黃鍾一變爲林鍾，再變爲太蔟，三變南吕，四變姑洗，五變應鍾，六變蕤賓，七變大吕，八變夷則，九變夾鍾。函鍾一變爲太蔟，再變爲南吕，三變姑洗，四變應鍾，五變蕤賓，六變大吕，七變夷則，八變夾鍾也。圜鍾一變爲無射，再變爲中吕，三變爲黃鍾清宫，四變合至林鍾。林鍾無清宫，至太蔟清宫爲四變，五變合至南吕。南吕無清宫，直至大吕清宫爲五變，六變合至夷則，夷則無清宫，直至夾鍾清宫爲六變也【二】。十二律黃鍾、大吕、太蔟、夾鍾四律有清宫，總謂之十六律，自姑洗至應鍾八律皆無清宫，但處位而已。）此皆天理不可易者。古人以爲難知，蓋不深索之。聽其聲，求其義，考其序無毫髮可移，此所謂天理也。一者人鬼，以宫、商、角、徵、羽爲序者；二者天神，三者地祇，皆以木、火、土、金、水爲序者；四者以黃鍾一均分爲天地二樂者；五者六變八變九變，皆會于夾鍾者。

六吕：三曰鍾，三曰吕。（夾鍾，林鍾，應鍾。大吕，中吕，南吕。）鍾與吕常相間，常相對，六吕之間復自有陰陽也。納音之法：申、子、辰、巳、酉、丑爲陽紀，寅、午、戌、亥、卯、未爲陰紀。亥、卯、未曰夾鍾、林鍾、應鍾陽中之陰也。黃鍾者，陽之所鍾也。夾鍾、林鍾、應鍾，陰之所鍾也。故皆謂之「鍾」。巳、酉、丑、大吕、中吕、南吕陰中之陽也。吕，助也，能時出而助陽也，故皆謂之「吕」。

《漢志》：「陰陽相生自黃鍾始，而左旋八八爲伍。八八爲伍者，謂一上生與一下生相間。」如此則自大吕以後律數皆差，須自蕤賓再上生，方得本數。此八八爲伍之誤也。

【二】直至夾鍾清宫爲六變也　「六」原作「七」，據愛廬本、四庫本改。

或曰：「律無上生呂之理，但當下生而用獨倍。」二説皆通。然至蕤賓清宫生大吕清宫，又當再上生。如此時上時下，即非自然之數，不免牽合矣。自子至巳爲陽律、陽吕，自午至亥爲陰律、陰吕。凡陽律、陽吕皆下生，陰律、陰吕皆上生。故巳方之律謂之中吕，言陰陽至此而中也。中吕當讀如本字，作「仲」非也。至午則謂之蕤賓，陽常爲主，陰常爲賓。蕤賓者，陽至此而爲賓也。納音之法，自黄鍾相生，至于中吕而中，謂之「陽紀」。自蕤賓相生，至于應鍾而終，謂之「陰紀」。蓋中吕爲陰陽之中，子午爲陰陽之分也。

《漢志》言數曰：「大極元氣，函三爲一。極，中也。元，始也。行於十二辰，始動於子，參之於丑得三，又參之於寅得九，又參之於卯得二十七。歷十二辰，得十七萬七千一百四十七。此陰陽合德，氣鍾於子，化生萬物者也。」殊不知此乃求律吕長短體筭立成法耳，别有何義。爲史者但見其數浩博，莫測所用，乃曰「此陰陽合德，化生萬物者也」。嘗有人於土中得一朽弊搗帛杵，不識，持歸以示鄰里，大小聚觀，莫不怪愕，不知何物。後有一書生過，見之曰：「此靈物也。吾聞防風氏身長三丈，骨節專車。此防風氏脛骨也。」鄉人皆喜，築廟祭之，謂之「脛廟」。班固此論亦近乎「脛廟」也。

吾聞《羯鼓録》序羯鼓之聲云：「透空碎遠，極異衆樂。」唐羯鼓曲，今唯有邠州一父老能之。有《大合蟬》、《滴滴泉》之曲。予在鄜延時，尚聞其聲。涇原承受公事楊元孫因奏事回，有旨令召此人赴闕。元孫至邠，而其人已死，羯鼓遺音遂絶。今樂部中所有，但名存而已，「透空碎遠」，了無餘跡。唐明帝與李龜年論羯鼓云：「杖之弊者四櫃。」用力如此，其爲藝可知也。

唐之杖鼓，本謂之「兩杖鼓」，兩頭皆用杖。今之杖鼓，一頭以手拊之，則唐之「漢震第二鼓」也。明帝、宋開府皆善此鼓，其曲多獨奏，如鼓笛曲是也。今時杖鼓，常時只是打拍，鮮有專門獨奏之妙。古曲悉皆散亡，頃年王師南征，得《黄帝炎》一曲于交趾，乃杖鼓曲也。炎或作鹽。唐曲有《突厥鹽》、《阿鵲鹽》，施肩吾詩云：「顛狂楚客歌成雪，媚賴吴娘笑是鹽。」蓋當時語也。今杖鼓譜中有炎杖聲。

元稹《連昌宫詞》有「逡巡大遍凉州徹」【三】，所謂「大遍」者，有序、引、歌、䬃、嗺、哨、催、攧、衮、破、行、中腔、踏歌之類，凡數十解，每解有數疊者。裁截用之，則謂之「摘遍」。今人大曲皆是裁用，悉非「大遍」也。

鼓吹部有拱辰管，即古之叉手管也，太宗皇帝賜今名。

邊兵每得勝回則連隊抗聲「凱歌」，乃古之遺音也。凱歌詞甚多，皆市井鄙俚之語。予在鄜延時，製數十曲，令士卒歌之，今粗記得數篇。其一：先取山西十二州，别分子將打衙頭。回看秦塞低如馬，漸見黄河直北流。其二：天威卷地過黄河，萬里羌人盡漢歌。莫堰横山倒流水，從教西去作恩波。其三：馬尾胡琴隨漢車，曲聲猶自怨單于。彎弓莫射雲中鴈，歸鴈如今不寄書。其四：旗隊渾如錦繡堆，銀裝背嵬打回回。先教淨掃

【三】元稹連昌宫詞有逡巡大遍凉州徹　「連」原作「建」，據愛盧本、《元氏長慶集》卷二四改。

安西路，待向河源飲馬來。其五：靈武、西凉不用圍，蕃家總待納王師。城中半是關西種，猶有當時軋吃根勿反。兒。

《柘枝》舊曲遍數極多，如《羯鼓録》所謂「渾脱解」之類，今無復此遍。寇萊公好《柘枝舞》，會客必舞《柘枝》，每舞必盡日，時謂之「柘枝顛」。今鳳翔有一老尼，猶是萊公時柘枝妓，云：「當時《柘枝》尚有數十遍，今日所舞《柘枝》，比當時十不得二三。」老尼尚能歌其曲，好事者往往傳之。

古之善歌者有語，謂當使「聲中無字，字中有聲」。凡曲止是一聲，清濁高下如縈縷耳，字則有喉唇齒舌等音不同，當使字字舉本皆輕圓，悉融入聲中，令轉換處無磊磈，此謂「聲中無字」，古人謂之「如貫珠」，今謂之「善過度」是也。如宫聲字而曲合用商聲，則能轉宫爲商歌之，此「字中有聲」也。善歌者謂之「内裹聲」。不善歌者聲無抑揚，謂之「念曲」，聲無含韞，謂之「叫曲」。

五音：宫、商、角爲從聲，徵、羽爲變聲，從，謂律從律，吕從吕。變，謂以律從吕，以吕從律。故從聲以配君、臣、民，尊卑有定，不可相踰。變聲以爲事物【四】，則或遇於君聲無嫌。六律爲君聲，則商、角皆以律應，徵、羽以吕應。六吕爲君聲，則商、角皆以吕應，徵、羽以律應。加變徵則從變之聲已瀆矣。隋柱國鄭譯始條具七均【五】，展轉相生爲八十四調。清濁混淆，紛亂無統，競爲新聲。自後又有犯聲、側聲、正殺、寄殺、偏字、傍字、雙字、半字之法，從變之

【四】變聲以爲事物　「變」原脱，據愛盧本、四庫本補。

【五】隋柱國鄭譯始條具七均　「七」原作「之」，據愛盧本改。

聲，無復條理矣。

外國之聲，前世自别爲四夷樂，自唐天寶十三載，始詔法曲與胡部合奏，自此樂奏全失古法。以先王之樂爲「雅樂」，前世新聲爲「清樂」，合胡部者爲「宴樂」。

古詩皆詠之，然後以聲依詠以成曲，謂之「協律」。其志安和則以安和之聲詠之；其志怨思則以怨思之聲詠之。故治世之音安以樂，則詩與志、聲與曲莫不安且樂；亂世之音怨以怒，則詩與志、聲與曲莫不怨且怒。此所以審音而知政也。詩之外又有和聲，則所謂「曲」也。古樂府皆有聲有詞，連屬書之，如曰賀賀賀、何何何之類，皆和聲也。今管絃之「中纏聲」亦其遺法也。唐人乃以詞填入曲中，不復用和聲。此格雖云自王涯始，然貞元、元和之間爲之者已多，亦有在涯之前者。又小曲有「咸陽沽酒寶釵空」之句，云是李白所製，然李白集中有《清平樂詞》四首，獨欠是詩【六】。而《花間集》所載「咸陽沽酒寶釵空」乃云是張泌所爲，莫知孰是也。今聲詞相從，唯里巷間歌謡及《陽關》、《擣練》之類，稍類舊俗。然唐人填曲多詠其曲名，所以哀樂與聲尚相諧會。今人則不復知有聲矣。哀聲而歌樂詞，樂聲而歌怨詞，故語雖切而不能感動人情，由聲與意不相諧故也。

古樂有三調聲，謂清調、平調、側調也。王建詩云：「側商調裏唱伊州」是也。今樂部中有「三調樂」，品皆短小，其聲唯殺，唯道調小石法曲用之。雖謂之「三調樂」，皆不復

【六】獨欠是詩　「欠」原作「只」，據愛盧本、四庫本改。

辨清、平、側聲，但比他樂特爲煩數耳。

唐《獨異志》云：「唐承隋亂，樂簴散亡，獨無徵音，李嗣真密求得之，聞弩營中砧聲，求得喪車一鐸，入振之，於東南隅果有應者，掘之得石一段，裁爲四具，以補樂簴之闕。」此妄也。聲在短長厚薄之間，故《考工記》：「磬氏爲磬，已上則磨其旁，已下則磨其端。」磨其毫末則聲隨而變，豈有帛砧裁琢爲磬而尚存故聲哉。兼古樂宮、商無定聲，隨律命之，迭爲宮、徵。嗣真必嘗爲新磬，好事者遂附益爲之説。既云「裁爲四具」，則是不獨補徵聲也。

《國史纂異》云：「潤州曾得玉磬十二以獻。張率更叩其一曰：『晋某歲所造也。是歲閏月，造磬者法月數當有十三。宜於黄鍾東九尺掘，必得焉。』從之，果如其言。」此妄也。法月律爲磬當依節氣，閏月自在其間。閏月無中氣豈當月律？此懵然者爲之也。扣其一，安知其是晋某年所造？既淪陷在地中，豈暇復按方隅尺寸埋之？此欺誕之甚也。

《霓裳羽衣曲》，劉禹錫詩云：「三鄉陌上望仙山，歸作《霓裳羽衣曲》。」又王建詩云：「聽風聽水作《霓裳》。」白樂天詩注云：「開元中，西涼府節度使楊敬述造。」鄭嵎《津陽門》詩注云【七】：「葉法善嘗引上入月宫，聞仙樂，及上歸，但記其半。遂於笛中寫之。會西涼府都督楊敬述進《婆羅門曲》，與其聲調相符，遂以月中所聞爲散序，用敬述所進爲其腔，而名《霓裳羽衣曲》。」諸説各不同。今蒲中逍遥樓楣上有唐人横書，類梵

【七】鄭嵎津陽門詩注云　「嵎」原作「愚」，據《總龜》前集卷四〇改。

字，相傳是《霓裳譜》，字訓不通，莫知是非。或謂今燕部有《獻仙音曲》，乃其遺聲。然《霓裳》本謂之道調法曲，今《獻仙音》乃小石調耳，未知孰是。

《虞書》曰：「戛擊鳴球，搏拊琴瑟以詠，祖考來格。」鳴球非可以戛擊，和之至，詠之不足，有時而至于戛且擊；琴瑟非可以搏拊，和之至，詠之不足，有時而至于搏且拊。所謂手之舞之，足之蹈之，而不自知其然，和之至，則宜祖考之來格也。和之生於心，其可見者如此。後之爲樂者，文備而實不足，師之志【八】，主於中節奏、諧聲律而已。古之樂師皆能通天下之志，故其哀樂成於心，然後宣於聲【九】，則必有形容以表之。故樂有志，聲有容。其所以感人深者，不獨出於器而已。

《新五代史》書唐昭宗幸華州，登齊雲樓，西北顧望京師，作《菩薩蠻辭》三章，其卒章曰：「野煙生碧樹，陌上行人去。安得有英雄，迎歸大內中。」今此辭墨本猶在陝州一佛寺中，紙札甚草草。予頃年過陝曾一見之。後人題跋多盈巨軸矣。

世稱善歌者皆曰「郢人」。郢州至今有白雪樓，此乃因宋玉問曰：「客有歌於郢中者，其始曰《下里巴人》，次爲《陽阿薤露》，又爲《陽春白雪》，引商刻羽，雜以流徵。」遂謂郢人善歌，殊不考其義。其曰「客有歌於郢中者」，則歌者非郢人也。其曰「《下里巴人》，國中屬而和者數千人。《陽阿薤露》，和者數百人，《陽春白雪》和者不過數十人，引商刻羽雜以流徵，則和者不過數人而已」。以楚之故都，人物猥盛而和者止於數人，則爲不知

【八】師之志　「師」，《類苑》卷二〇作「樂師」。

【九】然後宣於聲　「宣」原作「宜」，據四庫本、《類苑》卷二〇改。

歌甚矣。故玉以此自況。《陽春白雪》皆郢人所不能也。以其所不能者明其俗，豈非大誤也？《襄陽耆舊傳》雖云：「楚有善歌者，歌《陽菱白露》、《朝日魚麗》，和之者不過數人。」復無《陽春白雪》之名。又今郢州本謂之北郢，亦非古之楚都，或曰：「楚都在今宜城界中，有故墟尚在。」亦不然也。此鄢也，非郢也。據《左傳》：「楚成王使鬬宜申爲商公，沿漢泝江，將入郢，王在渚宫下見之。」沿漢至于夏口，然後泝江，則郢當在江上，不在漢上也。又在渚宫下見之，則渚宫蓋在郢也。楚始都丹陽，在今枝江。文王遷郢，昭王遷鄀，皆在今江陵境中。杜預注《左傳》云：「楚國，今南郡江陵縣北紀南城也。」謝靈運《鄴中集詩》云：「南登宛、郢城。」今江陵北十二里有紀南城，即古之郢都也，又謂之南郢。

六十甲子有納音，鮮原其意。蓋六十律旋相爲宫法也。一律含五音，十二律納六十音也。凡氣始於東方而右行，音起於西方而左行，陰陽相錯而生變化。所謂氣始於東方者，四時始于木，右行傳于火，火傳于土，土傳于金，金傳于水。所謂音始于西方者，五音始于金，左旋傳于火，火傳于木，木傳于水，水傳于土。納音與《易》納甲同法：乾納甲而坤納癸，始於乾而終于坤。納音始於金，金乾也。終于土，土坤也。納音之法同類娶妻，隔八生子。此《漢志》語也。此律吕相生之法也。五行先仲而後孟，孟而後季，此遁甲三元之紀也。甲子金之仲，黄鍾之商。同位娶乙丑，大吕之商同位謂甲與乙、丙與丁之類。下皆倣此。隔八下生壬申金之孟。夷則之商隔八，謂大吕下生夷則也【一〇】。下皆倣此。壬申同位娶癸酉，南吕之商。隔八上生庚辰金之季。姑

【一〇】謂大吕下生夷則也　「大」原作「八」，據愛盧本改。

洗之商，此金三元終，若只以陽辰言之，則依遁甲逆傳仲孟季，若兼妻言之，則順傳孟仲季也。庚辰同位娶辛巳，中呂之商。隔八下生戊子火之仲。黄鍾之徵，金三元終則左行傳南方火也。戊子娶己丑，大吕之徵。生丙申火之孟。夷則之徵。丙申娶丁酉，南吕之徵。生甲辰火之季。姑洗之徵。甲辰娶乙巳，中吕之徵。生壬子木之仲。黄鍾之角，火三元終則左行傳于東方木。如是左行至于丁巳中吕之宫，五音一終。復自甲午金之仲娶乙未，隔八生壬寅，一如甲子之法，終于癸亥。謂蕤賓娶林鍾，上生太蔟之類。自子至于巳爲陽【一一】，故自黄鍾至于中吕皆下生；自午至于亥爲陰，故自林鍾至于應鍾皆上生。予於《樂論》叙之甚詳，此不復紀。甲子乙丑金與甲午乙未金雖同，然甲子乙丑爲陽律，陽律皆下生，甲午乙未爲陽吕，陽吕皆上生。六十律相反所以分爲一紀也。

今太常鍾鎛皆於甬本爲紐，謂之「旋蟲」，側垂之。皇祐中，杭州西湖側發地得一古鍾，匾而短，其枚長幾半寸，大略制度如梟氏所載，唯甬乃中空，甬半以上差小，所謂「衡」者。予細考其制，亦似有義。甬所以中空者，疑鍾縻自其中垂下，當衡甬之間，以横括挂之，横括疑所謂「旋蟲」也。今考其名，竹筩之「筩」，文從竹從甬，則甬僅乎空，甬半以上微小者，所以礙横括，以其横括所在也，則有衡之義也。其横括之形，似蟲而可旋【一二】，疑所謂「旋蟲」。以今之鍾鎛校之，此衡甬中空則猶小於甬者，乃欲礙横括，似有所因。彼衡甬俱實則衡小於甬，似無所因。又以其括之横於其中也，則宜有衡義，實甬直上植之，而謂之衡者何義？又横括以其可旋而有蟲形，或可謂之「旋蟲」，今鍾則實其紐不

【一一】自子至于巳爲陽　「自子」二字原脱，據愛盧本、四庫本增補。

【一二】似蟲而可旋　「似」原作「以」，據愛盧本、四庫本改。

動，何緣得旋名？若以側垂之，其鍾可以掉蕩旋轉則鍾常不定，擊者安能常當其燧？此皆可疑，未知孰是。其鍾今尚在錢塘，予群從家藏之。

海州士人李慎言嘗夢至一處水殿中，觀宮女戲毬，山陽蔡繩爲之傳，叙其事甚詳。有《拋毬曲》十餘闋，詞皆清麗，今獨記兩闋：「侍燕黄昏曉未休，玉堦夜色月如流。朝來自覺承恩醉，笑倩傍人認繡毬。」「堪恨隋家幾帝王，舞裀揉盡繡鴛鴦。如今重到拋毬處，不是金爐舊日香。」

《盧氏雜説》：「韓臯謂嵇康琴曲有《廣陵散》者，以王陵、毋丘儉輩皆自廣陵敗散，言魏散亡自廣陵始，故名其曲曰《廣陵散》。」以予考之，「散」自是曲名，如操、弄、摻、淡、序、引之類，故潘岳《笙賦》：「輟張女之哀彈，流廣陵之名散。」又應璩《與劉孔才書》云：「聽廣陵之清散。」知「散」爲曲名明矣。或者康借此名以諫諷時事，「散」取曲名，廣陵乃其所命，相附爲義耳。

馬融《笛賦》云：「裁以當簻便易持。」李善注謂：「簻，馬策也。裁笛以當馬簻，故便易持。」此謬説也。笛安可爲馬策？簻，管也。古人謂樂之管爲「簻」。故潘岳《笙賦》云：「脩簻内辟，餘簫外逶。」「裁以當簻」者，餘器多裁衆簻以成音，此笛但裁一簻，五音皆具，當簻之工，不假繁猥，所以便而易持也。

笛有雅笛，有羌笛。其形制所始，舊説皆不同。《周禮》：「笙師掌教篪篴。」或云：「漢武帝時丘仲始作笛。」又云：「起於美人。」後漢馬融所賦長笛，空洞無底，剡其上孔五孔，一孔出其背，正似今之「尺八」。李善爲之注云：「七孔，長一尺四寸。」此乃今之横笛耳。太常鼓吹部中謂之「横吹」，非融之所賦者。融賦云：「易京君明識音律，故本四孔加以一，君明所加孔後出，是謂商聲五音畢。」沈約《宋書》亦云：「京房備其五音。」《周禮》笙師注：「杜子春云：篴乃今時所吹五空竹篴。」以融、約所記論之，則古篴不應有五孔。則子春之説亦未爲然。今《三禮圖》畫篴亦横設，而有五孔，又不知出何典據。

琴雖用桐，然須多年木性都盡，聲始發越。予曾見唐初路氏琴，木皆枯朽，殆不勝指，而其聲愈清。又常見越人陶道真畜一張「越琴」，傳云古冢中敗棺杉木也，聲極勁挺。吴僧智和有一琴，瑟瑟微碧，紋石爲軫，制度音韻皆臻妙，腹有李陽冰篆數十字，其略云：「南溟島上得一木名伽陀羅，紋如銀屑，其堅如石，命工斵爲此琴。」篆文甚古勁。琴材欲輕、鬆、脆、滑，謂之「四善」。木堅如石可以製琴，亦所未諭也。《投荒録》云：「瓊管多烏樠、呿陀，皆奇木。」疑伽陀羅即呿陀也。

高郵人桑景舒性知音，聽百物之聲悉能占其災福。尤善樂律，舊傳有虞美人草，聞人作《虞美人曲》則枝葉皆動，他曲不然。景舒試之，誠如所傳，乃詳其曲聲曰「皆吴音也」。他日取琴，試用吴音製一曲，對草鼓之，枝葉亦動，乃謂之「虞美人操」，其聲調與《虞美人曲》全不相近，始末無一聲相似者，而草輒應之，與《虞美人曲》無異者，律法同管也。其知者臻妙如此。景舒進士及第，終於州縣官。今《虞美人操》盛行於江吴間。人亦莫知其如何者爲吴音。

卷六

樂律二

前世遺事，時有於古人文章中見之。元稹詩有：「琵琶宮調八十一，三調絃中彈不出。」琵琶共有八十四調，蓋十二律各七均乃成八十四調。稹詩言八十一調，人多不喻所謂。予於金陵丞相家得唐賀懷智《琵琶譜》一册，其序云：「琵琶八十四調，内黄鍾、太蔟、林鍾宮聲絃中彈不出，須管色定絃。其餘八十一調皆以此三調爲準，更不用管色定絃。」始喻稹詩言。如今之調琴，須先用管色合字定宮絃，乃以宮絃下生徵，徵絃上生商【一】，上下相生，終於少商。凡下生者隔二絃，上生者隔一絃取之，凡絃聲皆當如此。古人仍須以金石爲準，《商頌》「依我磬聲」是也。今人苟簡，不復以絃管定聲，故其高下無準，出於臨時。懷智《琵琶譜》調格與今樂全不同。唐人樂學精深，尚有雅律遺法。今之燕樂，古聲多亡，而新聲大率皆無法度。樂工自不能言其義，如何得其聲和。

今教坊燕樂比律高二均弱，「合」字比太蔟微下，卻以「凡」字當宮聲，比宮之清宮微高。外方樂尤無法。大體又高教坊一均以來【二】。唯北狄樂聲比教坊樂下二均。大凡

校勘記

【一】徵絃上生商　「上生商」原作「商上」，據愛廬本、四庫本乙補。

【二】大體又高教坊一均以來　「大」原作「求」，據《類苑》卷二〇改。

北人衣冠文物多用唐俗，此樂疑亦唐之遺聲也。

今之燕樂二十八調，布在十一律，唯黄鍾、中吕、林鍾三律各具宫、商、角、羽四音，其餘或有一調至二三調，獨蕤賓一律都無。內中管仙吕調乃是蕤賓聲，亦不正當本律，其間聲音出入亦不全應古法，略可配合而已。如今之中吕宫，卻是古夾鍾宫，南吕宫，乃古林鍾宫。今林鍾商乃古無射宫，今大吕調乃古林鍾羽，雖國工亦莫能知其所因。

十二律并清宫當有十六聲。今之燕樂止有十五聲，蓋今樂高於古樂二律以下，故無正黄鍾聲，只以「合」字當大吕，猶差高，當在大吕、太蔟之間，「下四」字近太蔟，「高四」字近夾鍾【三】，「下一」字近姑洗，「高」字近中吕，「上」字近蕤賓，「勾」字近林鍾，「尺」字近夷則，「工」字近南吕，「高工」字近無射，「六」字近應鍾，「下凡」字爲黄鍾清，「高凡」字爲大吕清，「下五」字爲太蔟清，「高五」字爲夾鍾清。法雖如此，然諸調殺聲不能盡歸本律，故有偏殺、側殺、寄殺、元殺之類，雖與古法不同，推之亦皆有理。知聲者皆能言之，此不備載也。

古法：鍾磬每簴十六，乃十六律也。然一簴又自應一律，有黄鍾之簴，有大吕之簴，其他樂皆然。且以琴言之，雖皆清實，其間有聲重者，有聲輕者，材中自有五音，故古人名琴，或謂之清徵，或謂之清角。不獨五音也，又應諸調。予友人家有一琵琶，置之虛室。以管色奏雙調，琵琶絃輒有聲應之，奏他調則不應，寶之以爲異物。殊不知此乃常理。二

【三】高四字近夾鍾　「高四」原作「之高四」，據愛廬本、四庫本删。

十八調但有聲同者即應，若偏二十八調而不應，則是逸調聲也。古法：一律有七音，十二律共八十四調。更細分之尚不止八十四，逸調至多偶在二十八調中，人見其應則以爲怪，此常理耳。此聲學至要妙處也。今人不知此理，故不能極天地至和之聲。世之樂工，絃上音調尚不能知，何暇及此。

卷七

象數一

開元《大衍曆法》最爲精密，歷代用其朔法。至熙寧中考之，曆已後天五十餘刻【一】，而前世曆官皆不能知。《奉元曆》乃移其閏朔，熙寧十年天正元用午時，新曆改用子時，閏十二月改爲閏正月，四夷朝貢者用舊曆，比未欵塞【二】。衆論謂氣至無顯驗可據，因此以摇新曆。事下有司考定，凡立冬晷景與立春之景相若者也，今二景短長不同，則知天正之氣偏也。凡移五十餘刻，立冬、立春之景方停，以此爲驗，論者乃屈。元會使人亦至，曆法遂定。

六壬天十二辰，亥曰登明，登，避仁宗嫌名。爲正月將。戌曰天魁，爲二月將。古人謂之「合神」，又謂之「太陽過宫」。合神者，正月建寅合在亥，二月建卯合在戌之類。太陽過宫者，正月日躔娵訾，二月日躔降婁之類。二説一也。此以《顓帝曆》言之也。今則分爲二説者，蓋日度隨黄道歲差。今太陽至雨水後方躔娵訾，春分後方躔降婁。若用合神則須自立春日便用亥將，驚蟄便用戌將。今若用太陽則不應合神，用合神則不應太陽。以

校勘記

【一】曆已後天五十餘刻　「天」原作「失」，據李燾《續資治通鑑長編》卷二七二改。

【二】比未欵塞　「未」原作「來」，同前改。

理推之，發課皆用月將加正時，如此則須當從太陽過宮。若不用太陽躔次，則當日當時日月、五星、支干、二十八宿皆不應天行。以此決知須用太陽也。然尚未是盡理，若盡理言之，并月建亦須移易。緣目今斗杓昏刻已不當月建，須當隨黄道歲差。今則雨水後一日方合建寅，春分後四日方合建卯，穀雨後五日方合建辰，如此始與太陽相符，復會爲一説。然須大改曆法，事事釐正。如東方蒼龍七宿當起于亢，終于斗。南方朱鳥七宿起于牛，終于奎。西方白虎七宿起于婁，終于輿鬼。北方真武七宿起于東井，終于角。如此曆法始正，不止六壬而已。

六壬天十二辰之名，古人釋其義曰：「正月陽氣始建，呼召萬物，故曰登明。二月物生根魁，故曰天魁。三月華葉從根而生，故曰從魁。四月陽極無所傳，故曰傳送。五月草木茂盛，踰於初生，故曰勝先。六月萬物小盛，故曰小吉。七月百穀成實，自能任持，故曰太一。八月枝條堅剛，故曰天罡【三】。九月木可爲枝幹，故曰太衝。十月萬物登成，可以會計，故曰功曹。十一月月建在子，君復其位，故曰大吉。十二月爲酒醴以報百神，故曰神后。」此説極無稽。據義理，予按登明者，正月三陽始兆于地上，見龍在田，天下文明，故曰登明。天魁者，斗魁第一星也，斗魁第一星抵于戌，故曰天魁。從魁者，斗魁第二星也，斗魁第二星抵于酉，故曰從魁。斗杓一星建方，斗魁二星建方，一星抵戌，一星抵酉。傳送者，四月陽極將退，一陰欲生，故傳陰而送陽也。小吉，夏至之氣，大往小來，小人道長，小人之吉

【三】故曰天罡　「罡」原作「罔」，據愛盧本改。

也，故爲婚姻酒食之事。勝先者，王者向明而治，萬物相見乎此，莫勝莫先焉。太一者，太微垣所在太一所居也。天罡者，斗剛之所建也。斗杓謂之剛，蒼龍第一星亦謂之亢，與斗剛相直。太衝者，日月五星所出之門户，天之衝也。功曹者，十月歲功成而會計也。大吉者，冬至之氣，小往大來，君子道長，大人之吉也，故主文武大臣之事。十二月子位北方之中，上帝所居也。神后，帝君之稱也。天十二辰也，故皆以天事名之。

六壬有十二神將，以義求之，止合有十一神將，貴人爲之主，其前有五將，謂螣蛇、朱雀、六合、勾陳、青龍也，此木、火之神在方左者。方左謂寅、卯、辰、巳、午。其後有五將，謂天后、太陰、真武、太常、白虎也，此金、水之神在方右者。方右謂未、申、酉、亥、子。唯貴人對相無物，如日之在天，月對則虧，五星對則逆行避之，莫敢當其對，貴人亦然，莫有對者，故謂之「天空」，空者，無所有也。非神將也，猶月殺之有月空也。以之占事，吉凶皆空，唯求對見及有所伸理于君者，遇之乃吉。十一將，前二火二木一土間之，後當二金二水一土間之。真武合在後二，太陰合在後三，今二神差互【四】，理似可疑也。

事以「辰」名者爲多，皆本于辰巳之辰。今略舉數事：十二支謂之十二辰，一時謂之一辰，一日謂之一辰，日月星謂之三辰，北極謂之北辰，大火謂之大辰，五星中有辰星。皆謂之「辰」。今考子丑至于戌亥謂之十二辰者，《左傳》云：「日月之會是謂辰。」一歲日月十二會于東方蒼龍角、亢之舍，起於辰，故以所首者名之。子丑戌亥既謂之辰，則十

【四】今二神差互　「今」原作「合」，據愛廬本、四庫本改。

二支、十二時皆子丑戌亥，則謂之辰無疑也。一日謂之一辰者，以十二支言也。以十干言之謂之「今日」，以十二支言之謂之「今辰」，故支干謂之「日辰」。日月星謂之三辰者，日月星至于辰而畢見，以其所首者名之，故皆謂之辰。四時所見有早晚，至辰則四時畢見，故日加辰爲「晨」，謂日始出之時也。星有三類：一經星，北極爲之長；二舍星，大火爲之長；三行星，辰星爲之長，故皆謂之「辰」。北辰居其所而衆星拱之，故爲經星之長。大火天王之座，故爲舍星之長。辰星日之近輔，遠乎日不過一辰，故爲行星之長。

《洪範》五行數，自一至五，先儒謂之此五行生數，各益以土數，以爲成數。以謂五行非土不成，故水生一而成六，火生二而成七，木生三而成八，金生四而成九，土生五而成十，合之爲五十有五。唯《黄帝素問》土生數五，成數亦五。蓋水火木金皆待土而成，土更無所待，故止一五而已。畫而爲圖，其理可見。爲之圖者，設木于東，設金于西，火居南，水居北，土居中央，四方自爲生數，各并中央之土以爲成數。土自居其位，更無所并，自然止有五數，蓋土不須更待土而成也。合五行之數爲五十，則大衍之數也。此亦有理。

揲蓍之法：四十九蓍，聚之則一，而四十九隱于一中。散之則四十九，而一隱于四十九中。一者，道也。謂之無則一在，謂之有則不可取。四十九者用也。静則歸於一，動則惟覩其用。一在其間而不可取。此所謂「大衍之數五十，其用四十有九」。

世之談數者，蓋得其粗跡。然數有甚微者，非恃曆所能知，况此但跡而已。至於「感而遂通天下之故」者，跡不預焉。此所以前知之神，未易可以跡求，況得其粗也。予之所謂甚微之跡者，世之言星者，恃曆以知之，曆亦出乎億而已，予於《奉元曆序》論之甚詳。治平中，金、火合于軫，以《崇真》、《宣明》、《景福》、《明崇》、《欽天》凡十一家大曆步之，悉不合，有差三十日以上者，曆豈足恃哉。縱使在其度，然又有行黃道之裏者，行黃道之外者，行黃道之上者，行黃道之下者，有循度者，有失度者，有犯經星者，有犯客星者，所占各不同，此又非曆之能知也。又一時之間，天行三十餘度，總謂之一宮。然時有始末，豈可三十度間陰陽皆同，至交他宮則頓然差別。世言星曆難知，唯五行時日爲可據。是亦不然。世之言五行消長者，止是知一歲之間，如冬至後日行盈度爲陽，夏至後日行縮度爲陰，二分行平度。殊不知一月之中自有消長，望前月行盈度爲陽，望後月行縮度爲陰，兩弦行平度。至如春木、夏火、秋金、冬水，一月之中亦然。不止月中，一日之中亦然。《素問》云：「疾在肝，寅卯患，申酉劇。病在心，巳午患，子亥劇。」此一日之中自有四時也。安知一時之間無四時，安知一刻、一分、一刹那之中無四時耶，又安知十年、百年、一紀、一會、一元之間又豈無大四時耶。又如春爲木，九十日間當亹亹消長，不可三月三十日亥時屬木，明日子時頓屬火也。似此之類，亦非世法可盡者。

曆法步歲之法，以冬至斗建所抵至明年冬至所得辰刻衰秒謂之「斗分」。故「歲」，文從步從戌，戌者，斗魁所抵也。

正月寅，二月卯，謂之「建」，其説謂斗杓所建。不必用此説。但春爲寅卯辰，夏爲巳午未，理自當然，不須因斗建也。緣斗建有歲差，蓋古人未有歲差之法。《顓帝曆》：「冬至日宿斗初。」今宿斗六度。古者正月斗杓建寅，今則正月建丑矣。又歲與歲合，今亦差一辰。《堯典》曰：「日短星昴。」今乃日短星東壁，此皆隨歲差移也。

《唐書》云：「落下閎造曆，自言後八百年當差一筭，至唐一行僧出而正之。」此妄説也。落下閎曆法極踈，蓋當時以爲密耳。其間闕略甚多，且舉二事言之，漢世尚未知黄道歲差，至北齊向子信方候知歲差。今以今古曆校之，凡八十餘年差一度。則閎之曆八十年自已差一度。兼餘分踈闊，據其法推氣朔五星，當時便不可用，不待八十年，乃曰「八百年差一筭」，太欺誕也。

天文家有渾儀，測天之器，設于崇臺，以候垂象者，則古璣衡是也。渾象，天之器，以水激之，或以水銀轉之，置于密室，與天行相符，張衡、陸績所爲，及開元中置於武成殿者，皆此器也。皇祐中，禮部試《璣衡正天文之器賦》，舉人皆雜用渾象事，試官亦自不曉，第爲高等。漢以前皆以北辰居天中，故謂之「極星」。自祖亘以璣衡考驗天極不動處，乃在極星之末猶一度有餘。熙寧中，予受詔典領曆官，雜考星曆，以璣衡求極星。初夜在窺管中，少時復出，以此知窺管小不能容極星遊轉，乃稍稍展窺管候之，凡歷三月，極星方遊於窺管之内，常見不隱。然後知天極不動處遠極星猶三度有餘。每極星入窺管，别畫爲一圖。圖爲一圓規，乃畫極星于規中。具初夜、中夜、後夜所見各圖之，凡爲二百餘圖，極星方常循圓規之内，夜夜不差。予於《熙寧曆奏議》中叙之甚詳。

古今言刻漏者數十家，悉皆踈繆。曆家言晷漏者，自《顓帝曆》至今見於世謂之大曆者，凡二十五家。其步漏之術皆未合天度。予占天候景，以至驗于儀象，考數下漏，凡十餘年，方粗見真數，成書四卷，謂之《熙寧晷漏》，皆非襲蹈前人之跡，其間二事尤微。一者，下漏家常患冬月水澁，夏月水利，以爲水性如此，又疑冰澌所壅，萬方理之，終不應法。予以理求之，冬至日行速，天運已朞，而日已過表，故百刻而有餘；夏至日行遲，天運未朞，而日已至表，故不及百刻。既得此數，然後覆求晷景漏刻，莫不脗合。此古人之所未知也。二者，日之盈縮，其消長以漸，無一日頓殊之理。曆法皆以一日之氣短長之中者，播爲刻分，累損益，氣初日衰，每日消長常同。至交一氣，則頓易刻衰。故黄道有觚而不圓，縱有强爲數以步之者，亦非乘理用筭，而多形數相詭。大凡物有定形，形有真數，方圓端斜，定形也。乘除相盪，無所附益，泯然冥會者，真數也。其術可以心得，不可以言喻。黄道環天正圓，圓之爲體，循之則其妥至均，不均不能中規衡。絶之則有舒有數，無舒數則不能成妥，以圓法相盪而得衰，則衰無不均。以妥法相盪而得差，則差有踈數。相因以求從，相消以求負，從負相入，會一術以御日行。以言其變則秒刻之間消長未嘗同，以言其齊則止用一衰，循環無端，終始如貫，不能議其隙。此圓法之微，古之言筭者有所未知也。以日衰生日積，及生日衰，終始相求，迭爲賓主，順循之以索日變，衡別之求去極之度，合散無跡，泯如運規。非深知造筭之理者，不能與其微也。其詳具予《奏議》，藏在史官及予所著《熙寧晷漏》四卷之中。

予編校昭文書時，預詳定渾天儀。官長問予：「二十八宿，多者三十三度，少者止一度，如此不均，何也？」予對曰：「天事本無度，推曆者無以寓其數，乃以日所行分天爲三百六十五度有奇。日平行三百六十五日有餘而一朞天，故以一日爲一度也。既分之，必有物記之，然後可窺而數，於是以當度之星記之，循黄道日之所行一朞，當者止二十八宿星而已，度如傘撩，當度謂正當傘撩上者。故車蓋二十八弓，以象二十八宿，則予《渾儀奏議》所謂「度不可見，可見者星也。日月五星之所由，有星焉，當度之畫者，凡二十有八謂之舍，舍所以挈度，所以生數也」。今所謂「距度星」者是也。非不欲均也，黄道所由當度之星止有此而已。

又問予以「日月之形如丸耶，如扇也？若如丸則其相遇豈不相礙？」予對曰：「日月之形如丸，何以知之，以月盈虧可驗也。月本無光，猶銀丸，日耀之乃光耳。光之初生，日在其傍，故光側而所見纔如鈎，日漸遠則斜照，而光稍滿。如一彈丸，以粉塗其半，側視之，則粉處如鈎。對視之，則正圓。此有以知其如丸也。日月氣也，有形而無質，故相值而無礙。」

又問：「日月之行，日一合一對，而有蝕不蝕，何也？」予對曰：「黄道與月道如二環相疊而小差，凡日月同在一度相遇，則日爲之蝕；正一度相對，則月爲之虧。雖同一度而月道與黄道不相近，自不相侵。同度而又近黄道、月道之交，日月相值，乃相凌掩。正當其交處則蝕而既，不全當交道則隨其相犯淺深而蝕。凡日蝕，當月道自外而交入于内則蝕起于西南，復于東北；自内而交出于外則蝕起于西北，而復于東南。日在交東則蝕其内，日在交西則蝕其外。蝕既則起于正西，復于正東。凡月蝕，月道自外入内則蝕起于東南，復于西北。自内出外則蝕起于東北，而復于西南。月在交東則蝕其外，月在交西則蝕其内。蝕既則起于正東，復于西。交道每月退一度餘，凡二百四十九交而一朞。故西天法羅睺、計都皆逆步之，乃今之交道也。交初謂之『羅睺』，交中謂之『計都』。」

古之卜者皆有繇辭。《周禮》：「三兆，其頌皆千有二百。」如「鳳凰于飛，和鳴鏘鏘」；「間于兩社，爲公室輔」；「專之渝，攘公之羭，一薰一蕕，十年尚猶有臭」；「如魚窺尾，衡流而方羊；裔焉，大國滅之，將亡，闔門塞竇，乃自後踰」；「大横庚庚，予爲天王，夏啓以光」之類是也。今此書亡矣。漢人尚視其體，今人雖視其體，而專以五行爲主，三代舊術，莫有傳者。

北齊向子信候天文，凡月前有星則行速，星多則尤速。月行自有遲速定數，然遇行疾，曆其前必有星。如子信説，亦陰陽相感自相契耳。

醫家有五運六氣之術，大則候天地之變，寒暑、風雨、水旱、螟蝗率皆有法，小則人之衆疾，亦隨氣運盛衰。今人不知所用而膠於定法，故其術皆不驗。假令厥陰用事，其氣多風，民病濕泄，豈溥天之下皆多風，溥天之民皆病濕泄耶？至於一邑之間，而暘雨有不同者，此氣運安在？欲無不謬，不可得也。大凡物理有常有變，運氣所主者常也，異夫所主者皆變也。常則如本氣，變則無所不至，而各有所占，故其候有從、逆、淫、鬱、勝、復，太過、不足之變，其發皆不同。若厥陰用事多風，而草木榮茂，是之謂「從」。天氣明絜，燥而無風，此之謂「逆」。太虚埃昏，流水不冰，此謂之「淫」。大風折木，雲物濁擾，此之謂「鬱」。山澤焦枯，草木凋落，此之謂「勝」。大暑燔燎，螟蝗爲灾，此之謂「復」。山崩地震，埃昏時作，此謂之「太過」。陰森無時，重雲晝昏，此之謂「不足」。隨其所變，疾厲應之，皆視當時當處之候，雖數里之間，但氣候不同而所應全異，豈可膠於一定。熙寧中，京師久旱，祈禱備至，連日重陰，人謂必雨，一日驟晴，炎日赫然。予時因事入對，上問雨期，予對曰：「雨候已見，期在明日。」衆以謂頻日晦溽，尚且不雨，如此暘燥，豈復有望？次日，果大雨。是時濕土用事，連日陰者，從氣已効，但爲厥陰所勝，未能成雨，後日驟晴者，燥金入候，厥陰當折，則太陰得伸，明日運氣皆順，以是知其必雨。此亦當處所占也。若他處候別，所占亦異。其造微之妙，間不容髮。推此而求，自臻至理。

歲運有主氣，有客氣，常者爲主，外至者爲客。初之氣厥陰，以至終之氣太陽者，四時之常叙也，故謂之主氣。唯客氣本書不載其目，故説者多端。或以甲子之歲，天數始於水十一刻。乙丑之歲，始于二十六刻。丙寅歲始于五十一刻。丁卯歲始于七十六刻者，謂之客氣。此乃《四分曆法》求大寒之氣，何預歲運。又有相火之下，水氣承之，土位之下，風氣承之，謂之客氣。此亦主氣也，與六節相須，不得爲客。大率臆計，率皆此類。凡所謂客者，歲半以前，天政主之；歲半以後，地政主之。四時常氣爲之主，天地之政爲之客。逆主之氣爲害暴，逆客之氣爲害徐。調其主客，無使傷沴，此治氣之法也。

六氣，方家以配六神。所謂「青龍」者，東方厥陰之氣，其性仁，其神化，其色青，其形長，其蟲鱗，兼是數者，唯龍而青者可以體之，然未必有是物也。其他取象皆如是。唯北方有二：曰「玄武」，太陽水之氣也；曰「螣蛇」，少陽相火之氣也。其在於人爲腎，腎亦二，左爲太陽水，右爲少陽相火。火降而息水，水騰而爲雨露以滋五臟，上下相交，此坎離之交，以爲否、泰者也。故腎爲壽命之藏。左陽右陰，左右相交，此乾、坤之交，以生六子者也。故腎爲胎育之臟。中央太陰土曰「勾陳」。中央之取象，唯人爲宜。勾陳者，天子之環衛也。居人之中莫如君，何以不取象於君？君之道無所不在，不可以方言也。環衛居人之中央而中虛者也。虛者，妙萬物之地也。在天文、星辰皆居四傍而中虛，八卦分布八方而中虛。不虛不足以妙萬物。其在於人，勾陳之配則脾也。勾陳如環，環之中則所謂「黄庭」也。黄者中之色，庭者宫之虚地也。古人以黄庭爲脾，不然也。黄庭有名而無所，冲氣之所在也，脾不能與也。脾主思慮，非思之所能到也。故養生家曰：「能守黄庭則能長生。」黄庭者，以無所守爲守。唯無所守乃可以長生。或者又謂：「黄庭在二腎之間。」又曰：「在心之下。」又曰：「黄庭有神人守之。」皆不然。黄庭者，虚而妙者也。强爲之名，意可到則不得謂之虚，豈可求而得之也哉。

《易》象九爲老陽，七爲少，八爲少陰，六爲老。舊説陽以進爲老，陰以退爲老，九六者，乾、坤之畫，陽得兼陰，陰不得兼陽。此皆以意配之，不然也。九七八六之數，陽順陰逆之理，皆有所從來，得之自然，非意之所配也。凡歸餘之數，有多有少。多爲陰，如爻之偶；少爲陽，如爻之奇。三少，乾也，故曰「老陽」，九揲而得之，故其數九，其策三十有六。兩多一少，則一少爲之主，震、坎、艮也，故皆謂之少陽，少在初爲震，中爲坎，末爲艮。皆七揲而得之，故其數七，其策二十有八。三多，坤也，故曰「老陰」，六揲而得之，故其數六，其策二十有四。兩少一多，則多爲之主，巽、離、兑也，故皆謂之少陰，多在初爲巽，中爲離，末爲兑。皆八揲而得之，故其數八，其策三十有二。物盈則變，純少陽盈，純多陰盈。盈爲老，故老動而少静，吉凶悔吝，生乎動者也。卦爻之辭皆九六者，惟動則有占，不動則無朕，雖《易》亦不能言之。《國語》謂「正屯悔豫皆八」，「遇泰之八」是也。今人以《易》筮者，雖不動，亦引爻辭斷之。《易》中但有九六，既不動，則是七八安得用九六爻辭？此流俗之過也。

江南人鄭夬曾爲一書談《易》【五】，其間一説曰：「乾、坤，大父母也。復、姤，小父母也。乾一變生復，得一陽；坤一變生姤，得一陰。乾再變生臨，得二陽；坤再變生遯，得二陰。乾三變生泰，得四陽；坤三變生否，得四陰。乾四變生大壯，得八陽；坤四變生觀，得八陰。乾五變生夬，得十六陽；坤五變生剥，得十六陰。乾六變生未濟【六】，本得三十二陽；坤六變生歸妹，本得三十二陰。乾、坤錯綜，陰陽各三十二，生六十四卦。」夬之爲書皆荒唐之論，獨有此變卦之説未知其是非。予後因見兵部外郎秦君玠，論夬所談，駭然嘆曰：「夬何處得此法。玠曾遇一異人授此數，歷推往古興衰運曆，無不皆驗，常恨不能盡得其術。西都邵雍亦知大略，已能洞吉凶之變。此人乃形之於書，必有天譴。此非世人得聞也。」予聞其言怪，兼復甚秘，不欲深詰之。今夬與雍、玠皆已死，終不知其何術也。

慶曆中，有一術士姓李，多巧思。嘗木刻一舞鍾馗，高二三尺，右手持鐵簡，以香餌置鍾馗左手中，鼠緣手取食則左手扼鼠，右手用簡斃之【七】。以獻荆王，王館於門下。會太史言月當蝕於昏時，李自云「有術可禳」。荆王試使爲之，是夜月果不蝕。王大神之，即日表聞，詔付内侍省問狀。李云：「本善曆術，知《崇天曆》蝕限太弱，此月所蝕，當在濁中【八】，以微賤不能自通，始以機巧干荆邸，今又假禳禬以動朝廷耳。」詔送司天監考驗。李與判監楚衍推步日月蝕，遂加蝕限二刻。李補司天學生。至熙寧元年七月，日辰蝕東

【五】江南人鄭夬曾爲一書談易　「夬」原作「史」，據愛盧本、四庫本改。

【六】乾六變生未濟　「未濟」原作「歸妹」，據愛盧本改。

【七】右手用簡斃之　「用」原作「運」，據愛盧本改。

【八】當在濁中　「濁」原作「蜀」，據愛盧本、四庫本改。

方不効，卻是蝕限大强。曆官皆坐謫，令監官周琮重修，復減去慶曆所加二刻。苟欲求熙寧日蝕，而慶曆之蝕復失之。議久紛紛，卒無巧筭，遂廢《明天》，復行《崇天》。至熙寧五年，衛朴造《奉元曆》，始知舊蝕法止用日平度，故在疾者過之，在遲者不及。《崇》、《明》二曆加減皆不曾求其所因，至是方究其失。

四方取象蒼龍、白虎、朱雀、龜蛇，唯朱雀莫知何物，但謂鳥而朱者，羽族赤而翔上，集必附木，此火之象也。或謂之「長離」，蓋云離方之長耳。或云：「鳥即鳳也，故謂之鳳鳥。少昊以鳳鳥至乃以鳥紀官，則所謂丹鳥氏即鳳也。」又旗旐之飾皆二物，南方曰鳥隼，則鳥隼蓋兩物也。然古人取象，不必大物也。天文家朱鳥乃取象於鶉，故南方朱鳥七宿曰鶉首、鶉火、鶉尾是也。鶉有兩種，有丹鶉，有白鶉。此丹鶉也。色赤黄而文，鋭上禿下，夏出秋藏，飛必附草，皆火類也。或有魚所化者，魚鱗蟲，龍類，火之所自生也。天文東方蒼龍七宿有角、亢，有尾。南方朱鳥七宿有喙、有嗉、有翼而無尾，此其取於鶉歟。

司馬彪《續漢書》候氣之法，於密室中以木爲案，置十二律琯，各如其方，實以葭灰，覆以緹縠，氣至則一律飛灰。世皆疑其所置諸律，方不踰數尺，氣至獨本律應，何也？或謂：「古人自有術。」或謂：「短長至數，冥符造化。」或謂：「支干方位，自相感召。」皆非也。蓋彪説得其略耳。唯《隋書志》論之甚詳。其法先治一室，令地極平，乃埋律琯，皆使上齊，入地則有淺深。冬至陽氣距地面九寸而止，唯黃鍾一琯達之，故黃鍾爲之應。正月陽氣距地面八寸而止，自太蔟以上皆達，黃鍾、大吕先已虚，故唯太蔟一律飛灰。如人用鍼徹其經渠，則氣隨鍼而出矣。地有疎密則不能無差忒，故先以木案隔之，然後實土案上，令堅密均一。其上以水平其槩，然後埋律。其下雖有疎密，爲木案所節，其氣自平，但在調其案上之土耳。

《易》有納甲之法，未知起於何時。予嘗考之，可以推見天地胎育之理。乾納甲壬，坤納乙癸者，上下包之也。震巽、坎離、艮兑納庚辛、戊己、丙丁者，六子生於乾、坤之包中，如物之處胎甲者。左三剛爻，乾之氣也；右三柔爻，坤之氣也。乾之初爻交于坤生震，故震之初爻納子午。乾之初爻子午故也。中爻交于坤生坎，初爻納寅申。震納子午，順傳寅申，陽道順。上爻交于坤生艮，初爻納辰戌。亦順傳也。坤之初爻交于乾生巽，故巽之初爻納丑未。坤之初爻丑未故也。中爻交于乾生離，初爻納卯酉。巽納丑未，逆傳卯酉，陰道逆。上爻交于乾生兑，初爻納巳亥。亦逆傳也。乾、坤始于甲乙，則長男長女乃其次【九】，宜納丙丁，少男少女居其末，宜納庚辛，今乃反此者，卦必自下生，先初爻、次中爻、末乃至上爻。此《易》之叙【一〇】，然亦胎育之理也。物之處胎甲，莫不倒生，自下而生者卦之叙，而冥合造化胎育之理【一一】。此至理合自然者也。凡草木百穀之實皆倒生，首系于幹，其上抵于隸處反是根【一二】。人與鳥獸生胎，亦首皆在下。

【九】則長男長女乃其次　「男」原作「女」，據愛廬本、四庫本改。

【一〇】此易之叙　「叙」原作「敘」，據愛廬本、四庫本改。

【一一】而冥合造化胎育之理　「冥」原作「宜」，據愛廬本、四庫本改。

【一二】其上抵于隸處反是根　「抵」原作「低」，據愛廬本、四庫本改。

甲 辰寅子 □	乾	坤	乙 卯巳未 □□
丙 申午辰 寅子戌 □	生艮	生兌	丁 丑卯巳 未酉亥 □□
戊 午辰寅 子戌申 □	生坎	生離	己 亥丑卯 丑未酉 □□
庚 辰寅子 戌申午	生震	生巽	辛 酉亥丑 卯巳未
壬 戌申午	乾	坤	癸 酉亥丑

卷八

象數二

《史記・律書》所論二十八舍十二律，多皆臆配，殊無義理。至於言數，亦多差舛。如所謂律數者，八十一爲宮，五十四爲徵，七十二爲商，四十八爲羽，六十四爲角，此止是黃鍾一均耳，十二律各有五音，豈得定以此爲律數？如五十四在黃鍾則爲徵，在夾鍾則爲角，在中吕則爲商。兼律有多寡之數，有實積之數，有短長之數，有周徑之數，有清濁之數。其八十一、五十四、七十二、四十八、六十四，止是實積數耳。又云：「黃鍾長八寸七分一，大吕長七寸五分三分一，太蔟長七寸七分二，夾鍾長六寸二分三分一，姑洗長六寸七分四，中吕長五寸九分三分二，蕤賓長五寸六分二分一，林鍾長五寸七分四，夷則長五寸四分三分二，南吕長四寸七分八，無射長四寸四分三分二，應鍾長四寸二分三分二。」此尤誤也。此亦實積耳，非律之長也。蓋其間字又有誤者，疑後人傳寫之失也。餘分下分數目，凡七字皆當作十字，誤屈其中畫耳。黃鍾當作八寸十分一，太蔟當作七寸十分二，姑洗當作六寸十分四，林鍾當作五寸十分四，南吕當作四寸十分八。凡言七分者皆是十分。

今之卜筮皆用古書，工拙繫乎用之者，唯其寂然不動，乃能通天下之故，人未能至乎無心也。則憑物之無心者而言之，如灼龜璺瓦，皆取其無心，則不隨理而震，此近乎無心也。

吕才爲卜宅、禄命、卜葬之説，皆以術爲無驗。術之不可恃，信然。而不知彼皆寓也，神而明之，存乎其人，故一術二人用之則所占各異。人之心本神，以其不能無累，而寓之以無心之物，而以吾之所以神者言之，此術之微，難可以俗人論也。才又論人姓，或因官，或因邑族，豈可配以宫商？此亦是也。如今姓敬者，或更姓文，或更姓苟，以文考之皆非也。敬本從苟音亟。從攴，今乃謂之苟與文，五音安在哉。此爲無義，不待遠求而知也。然既謂之寓，則苟以爲字皆寓也。凡視聽思慮所及，無不可寓者。若以此爲妄，則凡禍福吉凶，死生變化，孰爲非妄者？能齊乎此，然後可與論先知之神矣。

曆法：天有黄赤二道，月有九道，此皆强名而已，非實有也。亦由天之有三百六十五度，天何嘗有度，以日行三百六十五日而一朞，强謂之度，以步日月五星行次而已。日之所由謂之「黄道」。南北極之中度最均處，謂之「赤道」，月行黄道之南謂之「朱道」，行黄道之北謂之「黑道」，黄道之東謂之「青道」，黄道之西謂之「白道」。黄道内外各四，并黄道爲九。日月之行有遲有速，難可以一術御也，故因其合散，分爲數段，每段以一色名之，欲以別筭位而已，如筭法用赤籌、黑籌以別正負之數【二】。曆家不知其意，遂以謂實

【二】黑籌以別正負之數　「負」原作「員」，據愛盧本改。

有九道，甚可嗤也。

二十八宿，爲其有二十八星當度，故立以爲宿。前世測候多爲改變【二】，如《唐書》測得畢有十七度半，觜只有半度之類，皆謬説也。星既不當度，自不當用爲宿次，自是渾儀度距疎密不等耳。凡二十八宿度數皆以赤道爲法。唯黄道度有不全度者，蓋黄道有斜有直，故度數與赤道不等，即須以當度星爲宿，唯虚宿未有奇數，自是日之餘分，曆家取以爲斗分者此也，餘宿則不然。

予嘗考古今曆法，五星行度，唯留逆之際最多差。自内而進者，其退必向外；自外而進者，其退必由内。其跡如循柳葉，兩末鋭，中間往還之道相去甚遠，故兩末星行成度稍遲，以其斜行故也；中間成度稍速，以其徑絶故也。曆家但知行道有遲速，不知道徑又有斜直之異。熙寧中，予領太史令。衛朴造曆，氣朔已正，但五星未有候簿可驗。前世修曆多只增損舊曆而已，未曾實考天度。其法須測驗每夜昏曉夜半月及五星所在度秒，置簿録之，滿五年，其間剔去雲陰及晝見日數外，可得三年實行，然後以筭日綴之，古所謂「綴術」者，此也。是時司天曆官，皆承世族，隸名食禄，本無知曆者，惡朴之術過己，群沮之，屢起大獄，雖終不能摇朴，而候簿至今不成。《奉元曆》五星步術但增損舊曆，正其甚謬處，十得五六而已。朴之曆術，今古未有，爲群曆人所沮，不能盡其藝，惜哉。

國朝置天文院於禁中，設漏刻、觀天臺、銅渾儀，皆如司天監，與司天監互相檢察。每

【二】前世測候多爲改變　「爲」原作「或」，據愛盧本改。

夜天文院具有無謫見雲物禨祥及當夜星次，須令於皇城門未發前到禁中。門發後，司天占狀方到，以兩司奏狀對勘，以防虚僞。近歲皆是陰相計會，符同寫奏，習以爲常，其來已久，中外具知之，不以爲怪。其日月五星行次皆只據小曆所筭纏度謄奏，不曾占候，有司但備員安禄而已。熙寧中，予領太史，嘗按發其欺，免官者六人。未幾其弊復如故。

司天監銅渾儀，景德中曆官韓顯符所造，依倣劉曜時孔挺、晁崇、斛蘭之法，失於簡略。天文院渾儀，皇祐中冬官正舒易簡所造，乃用唐梁令瓚、僧一行之法，頗爲詳備，而失於難用。熙寧中，予更造渾儀，并創爲玉壺、浮漏、銅表，皆置天文院，别設官領之。天文院舊銅儀，送朝服法物庫收藏，以備講求。

卷九

人事一

景德中，河北用兵，車駕欲幸澶淵，中外之論不一，獨寇忠愍贊成上意。乘輿方渡河，虜騎充斥，至于城下，人情恟恟。上使人微覘準所爲，而準方酣寢於中書，鼻息如雷。人以其一時鎮物，比之謝安。

武昌張諤好學能議論，常自約仕至縣令則致仕而歸。後登進士第，除中允。諤於所居營一舍，榜爲中允亭以誌素約也。後諤稍稍進用，數年間爲集賢校理、直舍人院、檢正中書五房公事、判司農寺，皆要官，權任漸重。無何坐事奪數官，歸武昌，未幾捐館，遂終於太子中允，豈非前定。

許懷德爲殿帥，嘗有一舉人，因懷德乳媼求爲門客，懷德許之。舉子曳襴拜于庭下，懷德據座受之。人謂懷德武人不知事體，密謂之曰：「舉人無沒堦之禮【一】，宜少降接也。」懷德應之曰：「我得打乳媼關節秀才，只消如此待之。」

夏文莊性豪侈，禀賦異於人，纔睡即身冷而僵，一如逝者，既覺，須令人温之，良久方

校勘記

【一】舉人無沒堦之禮　「沒」原作「設」，據愛盧本、四庫本改。

能動。人有見其陸行，兩車相連，載一物巍然，問之乃綿帳也，以數千兩綿爲之。常服仙茅、鍾乳、硫黄，莫知紀極。晨朝每食鍾乳粥，有小吏竊食之，遂發疽，幾不可救。

鄭毅夫自負時名，國子監以第五人選，意甚不平。謝主司啓詞，有「李廣事業，自謂無雙；　杜牧文章，止得第五」之句。又云：「騏驥已老，甘駑馬以先之；　巨鼇不靈，因頑石之在上。」主司深銜之。他日廷策，主司復爲考官，必欲黜落以報其不遜。有試業似獮者，枉遭斥逐，既而發考卷則獮乃第一人及第。又嘉祐中，士人劉幾累爲國學第一人，驟爲怪嶮之語，學者翕然効之，遂成風俗。歐陽公深惡之，會公主文，決意痛懲，凡爲新文者一切棄黜，時體爲之一變，歐陽之功也。有一舉人論曰：「天地軋，万物茁，聖人發。」公曰：「此必劉幾也。」戲續之曰：「秀才刺，試官刷。」乃以大朱筆横抹之，自首至尾，謂之「紅勒帛」，判大「紕繆」字榜之，既而果幾也。復數年，公爲御試考官，而幾在庭。公曰：「除惡務力，今必痛斥輕薄子，以除文章之害。」有一士人論曰：「主上收精藏明於冕旒之下。」公曰：「吾已得劉幾矣。」既黜，乃吳人蕭稷也。是時試《堯舜性仁賦》，有曰：「故得静而延年，獨高五帝之壽；　動而有勇，形爲四罪之誅。」公大稱賞，擢爲第一人，及唱名，乃劉煇，人有識之者曰：「此劉幾也，易名矣。」公愕然久之。因欲成就其名，小賦有「内積安行之德，蓋稟於天。」公以謂「積」近於學，改爲「蘊」，人莫不以公爲知言。

古人謂貴人多知人，以其閲人物多也。張鄧公爲殿中丞，一見王城東【二】，遂厚遇

【二】一見王城東　「城東」，愛廬本、四庫本作「東城」。

之，語必移時。王公素所厚唯楊大年，公有一茶囊，唯大年至則取茶囊具茶，他客莫與也。公之子弟，但聞取茶囊則知大年至。一日公命取茶囊，群子弟皆出窺大年，及至乃鄧公。他日公復取茶囊，又往窺之亦鄧公也。子弟乃問公：「張殿中者何人，公待之如此？」公曰：「張有貴人法，不十年當據吾座。」後果如其言。又文潞公爲太常博士，通判兗州，回謁呂許公【三】，公一見器之，問潞公：「太博曾在東魯，必當别墨。」令取一丸墨瀕堦磨之，揖潞公就觀：「此墨何如？」乃是欲從後相其背。既而密語潞公曰：「異日必大貴達。」即日擢爲監察御史，不十年入相。潞公自慶曆八年登相，至七十九歲以太師致仕，凡帶平章事三十七年，未嘗改易，名位隆重，福壽康寧，近世未有其比。

王延政據建州，令大將章某守建州城，嘗遣部將刺事於軍前，後期，當斬，惜其材，未有以處。歸語其妻，其妻連氏有賢智，私使人謂部將曰：「汝法當死，急逃乃免。」與之銀數十兩曰：「徑行，無顧家也。」部將得以潛去，投江南李主，以隸查文徽麾下。文徽攻延政，部將適主是役，城將陷，先喻城中能全連氏一門者有重賞。連氏使人謂之曰：「建民無罪，將軍幸赦之，妾夫婦罪當死，不敢圖生。若將軍不釋建民，妾願先百姓死，誓不獨生也。」詞氣感慨，發於至誠，不得已爲之戢兵而入，一城獲全。至今連氏爲建安大族，官至卿相者相踵，皆連氏之後也。又李景使大將胡則守江州，江南國下，曹翰以兵圍之三年，城堅不可破。一日，則怒一饔人鱠魚不精，欲殺之。其妻遽止之曰：「士卒守城累年矣，

【三】回謁呂許公　「回」原作「時」，據愛廬本、四庫本改。

暴骨滿地，奈何以一食殺士卒耶。」則乃捨之。此卒夜縋城走投曹翰，具言城中虛實。先是，城西南依巘素不設備，卒乃引王師自西南攻之，是夜城陷，胡則一門無遺類。二人者，其爲德一也，何其報効之不同。

王文正太尉局量寬厚，未嘗見其怒。飲食有不精潔者但不食而已。家人欲試其量，以少埃墨投羹中，公唯啖飯而已。問其何以不食羹，曰：「我偶不喜肉。」一日又墨其飯，公視之曰：「吾今日不喜飯，可具粥。」其子弟愬於公曰：「庖肉爲饔人所私，食肉不飽，乞治之。」公曰：「汝輩人料肉幾何？」曰：「一斤，今但得半斤食，其半爲饔人所廋。」公曰：「盡一斤可得飽乎？」曰：「盡一斤固當飽。」曰：「此後人料一斤半可也。」其不發人過皆類此。嘗宅門壞，主者徹屋新之，暫於廊廡下啓一門以出入。公至側門，門低，據鞍俯伏而過，都不問。門畢，復行正門亦不問。有控馬卒歲滿辭公，公問：「汝控馬幾時？」曰：「五年矣。」公曰：「吾不省有汝。」既去，復呼回曰：「汝乃某人乎？」於是厚贈之，乃是逐日控馬，但見背未嘗視其面，因去見其背方省也。

石曼卿居蔡河下曲，鄰有一豪家，日聞歌鍾之聲。其家僮僕數十人，常往來曼卿之門。曼卿呼一僕問豪爲何人。對曰：「姓李氏，主人方二十歲，並無昆弟，家妾曳羅綺者數十人。」曼卿求欲見之，其人曰：「郎君素未嘗接士大夫，他人必不可見，然喜飲酒，屢言聞學士能飲酒，意亦似欲相見，待試問之。」一日果使人延曼卿，曼卿即着帽往見之，坐于堂上，久之方出。主人者頭巾，繫勒帛，都不具衣冠，見曼卿全不知拱揖之禮。引曼卿入一别館，供帳赫然【四】。坐良久，有二鬟妾各持一小槃至曼卿前，槃中紅牙牌十餘。其一槃是酒，凡十餘品，令曼卿擇一牌，其一槃肴饌名，令擇五品。既而二鬟去，有群妓十餘人各執肴果樂器，粧服人品皆艷麗粲然。一妓酌酒以進，酒罷樂作，群妓執果肴者萃立其前，食罷則分列其左右，京師人謂之「軟槃」。酒五行，群妓皆退，主人者亦翩然而入，略不揖客。曼卿獨步而出，曼卿言豪者之狀，懵然愚騃，殆不分菽麥而奉養如此，極可怪也。他日試使人通鄭重，則閉門不納，亦無應門者。問其近鄰云：「其人未嘗與人往還，雖鄰家亦不識面。」古人謂之「錢癡」，信有之。

潁昌陽翟縣有一杜生者，不知其名，邑人但謂之杜五郎。所居去縣三十餘里，唯有屋兩間，其一間自居，一間其子居之。室之前有空地丈餘，即是籬門，杜生不出籬門凡三十年矣。黎陽尉孫軫曾往訪之，見其人頗蕭灑，自陳「村民無所能，何爲見訪」？孫問其不出門之因，其人笑曰：「以告者過也。」指門外一桑曰：「十五年前，亦曾到此桑下納涼，何謂不出門也？但無用於時，無求於人，偶自不出耳，何足尚哉。」問其所以爲生，曰：「昔時居邑之南，有田五十畝，與兄同耕，後兄之子娶婦，度所耕不足贍，乃以田與兄，携妻子至此。偶有鄉人借此屋，遂居之。唯與人擇日，又賣一藥以具饘粥，亦有時不繼。後子能耕，鄉人見憐，與田三十畝，令子耕之，尚有餘力，又爲人傭耕，自此食足。鄉

【四】供帳赫然　「帳」原作「張」，據愛廬本改。

人貧，以醫自給者甚多，自食既足，不當更兼鄉人之利，自爾擇日賣藥，一切不爲。」又問：「常日何所爲？」曰：「端坐耳，無可爲也。」問：「頗觀書否？」曰：「二十年前亦曾觀書。」問：「觀何書？」曰：「曾有人惠一書册，無題號，其間多説淨名經，亦不知淨名經何書也。當時極愛其議論，今亦忘之，并書亦不知所在久矣。」氣韻閑曠，言詞精簡，有道之士也。盛寒但布袍草履，室中枵然一榻而已。問其子之爲人，曰：「村童也。然質性甚淳厚，未嘗妄言，未嘗嬉遊，唯買鹽酪則一至邑中，可數其行跡以待其歸，徑往徑還，未嘗傍遊一步也。」予時方有軍事，至夜半未卧，疲甚，與官屬閑話，軫遂及此，不覺肅然，頓忘煩勞。

唐白樂天居洛，與高年者八人遊，謂之「九老」。洛中士大夫至今居者爲多，繼而爲九老之會者再矣。元豐五年，文潞公守洛，又爲「耆年會」，人爲一詩，命畫工鄭奂圖于妙覺佛寺，凡十三人。守司徒致仕韓國公富弼，年七十九。守太尉判河南府潞國公文彦博，年七十七。司封郎中致仕席汝言，年七十七。朝議大夫致仕王尚恭，年七十六。太常少卿致仕趙丙，年七十五。秘書監劉几，年七十五。衛州防禦使馮行己，年七十五。太中大夫充天章閣待制楚建中，年七十三。朝議大夫致仕王慎言，年七十二。宣徽南院使檢校太尉判大名府王拱辰，年七十一。太中大夫張問，年七十。龍圖閣直學士通議大夫張燾，年七十。端明殿學士兼翰林侍讀學士太中大夫司馬光，年六十四。

王文正太尉氣羸多病，真宗面賜藥酒一注缾，令空腹飲之可以和氣血、辟外邪。文正飲之大覺安健，因對稱謝，上曰：「此蘇合香酒也。每一斗酒，以蘇合香丸一兩同煮。極能調五臟，卻腹中諸疾，每冒寒夙興則飲一盃。」因各出數榼賜近臣。自此臣庶之家皆倣爲之。蘇合香丸盛行於時。此方本出《廣濟方》，謂之「白术丸」。後人亦編入《千金外臺》。治疾有殊効，予於《良方》叙之甚詳，然昔人未知用之。錢文僖公集《篋中方》，蘇合香丸注云：「此藥本出禁中，祥符中嘗賜近臣。」即謂此也。

李士衡爲館職，使高麗，一武人爲副。高麗禮幣贈遺之物，士衡皆不關意，一切委於副使。時船底疎漏，副使者以士衡所得縑帛藉船底，然後實己物以避漏濕。至海中，遇大風，船欲傾覆，舟人大恐，請盡棄所載，不爾船重必難免【五】。副使蒼惶，悉取舡中之物投之海中，更不暇揀擇。約投及半，風息船定，既而點檢所投，皆副使之物，士衡所得在船底，一無所失。

劉美少時善鍛金，後貴顯，賜與中有上方金銀器，皆刻工名，其間多有美所造者。又楊景宗微時，常荷畚爲丁晉公築第。後晉公籍没其家，以第賜景宗。二人者，方其微賤時，一造上方器，一爲宰相築第，安敢自期身饗其用哉。

舊制：天下貢舉人到闕，悉皆入對。數不下三千人，謂之「群見」。遠方士皆未知朝廷儀範，班列紛錯，有司不能繩勒。見之日，先設禁圍于著位之前，舉人皆拜于禁圍之

【五】不爾船重必難免　「重」原作「乘」，據愛廬本、四庫本改。

外，蓋欲限其前列也。至有更相抱持以望黼座者，有司患之，近歲遂止令解頭入見，然尚不減數百人。嘉祐中，予忝在解頭，別爲一班，最在前列。目見班中，唯從前一兩行，稍應拜起之節，自餘亦終不成班綴而罷，每爲閤門之累。常言殿庭中班列不可整齊者，唯有三色，謂舉人、蕃人、駱駝。

兩浙田税畝三斗。錢氏國除。朝廷遣王方贄均兩浙雜税，方贄悉令畝出一斗。使還，責擅減税額，方贄以謂畝税一斗者天下之通法，兩浙既已爲王民，豈當復循僞國之法。上從其説，至今畝税一斗者自方贄始。唯江南、福建猶循舊額，蓋當時無人論列，遂爲永式。方贄尋除右司諫，終於京東轉運使，有五子，臯、準、覃、鞏、罕。準之子珪爲宰相，其他亦多顯者。豈惠民之報歟。

孫之翰人嘗與一硯，直三十千。孫曰：「硯有何異而如此之價也？」客曰：「硯以石潤爲貴，此石呵之則水流。」孫曰：「一日呵得一擔水，纔直三錢，買此何用？」竟不受。

王荆公病喘，藥用紫團山人蔘，不可得，時薛師政自河東還適有之，贈公數兩，不受。人有勸公曰：「公之疾，非此藥不可治。疾可憂，藥不足辭。」公曰：「平生無紫團蔘，亦活到今日。」竟不受。公面黧黑，門人憂之，以問醫，醫曰：「此垢汗，非疾也。」進澡豆令公頮面，公曰：「天生黑於予，澡豆其如予何。」

王子野生平不茹葷腥，居之甚安。

趙閲道爲成都轉運使，出行部内，唯携一琴一鶴，坐則看鶴鼓琴，嘗過青城山，遇雪，舍于逆旅。逆旅之人不知其使者也，或慢狎之，公頽然鼓琴，不問。

淮南孔旻隱居篤行，終身不仕，美節甚高。嘗有竊其園中竹，旻愍其涉水冰寒，爲架一小橋渡之。推此則其愛人可知。然予聞之，莊子妻死，鼓盆而歌，妻死而不輟鼓可也，爲其死而鼓之，則不若不鼓之愈也。猶邴原耕而得金，擲之墻外，不若管寧不視之愈也。

狄青爲樞密使，有狄梁公之後，持梁公畫像及告身十餘通詣青獻之，以謂青之遠祖。青謝之曰：「一時遭際，安敢自比梁公？」厚有所贈而還之。比之郭崇韜哭子儀之墓，青所得多矣。

郭進有材略，累有戰功。嘗刺邢州，今邢州城乃進所築，其厚六丈，至今堅完。鎧仗精巧，以至封貯亦有法度。進於城北治第既成，聚族人賓客落之，下至土木之工皆與。乃設諸工之席于東廡，羣子之席于西廡。人或曰：「諸子安可與工徒齒？」進指諸工曰：「此造宅者。」指諸子曰：「此賣宅者，固宜坐造宅者下也。」進死未幾，果爲他人所有。今資政殿學士陳彦升宅，乃進舊第東南一隅也。

有一武人忘其名，志樂閑放而家甚貧。忽吟一詩曰【六】：「人生本無累，何必買山錢。」遂投檄去。至今致仕，尚康寧。

真宗皇帝時，向文簡拜右僕射，麻下日，李昌武爲翰林學士，當對。上謂之曰：「朕

【六】忽吟一詩曰　「一」原空缺，據愛廬本、四庫本補。

自即位以來，未嘗除僕射，今日以命敏中，此殊命也，敏中應甚喜。」對曰：「臣今自早候對，亦未知宣麻，不知敏中何如。」上曰：「敏中門下今日賀客必多，卿往觀之，明日卻對來，勿言朕意也。」昌武候丞相歸，乃往見。丞相謝客，門闌悄然無一人，昌武與向親，徑入見之，徐賀曰：「今日聞降麻，士大夫莫不歡慰，朝野相慶。」公但唯唯。又曰：「自上即位，未嘗除端揆，此非常之命，自非勳德隆重，眷倚殊越，何以至此。」公復唯唯，終未測其意。又歷陳前世爲僕射者勳勞德業之盛，禮命之重，公亦唯唯，卒無一言。既退，復使人至庖廚中，問今日有無親戚賓客飲食宴會，亦寂無一人。明日再對，上問：「昨日見敏中否？」對曰：「見之。」「敏中之意何如？」乃具以所見對。上笑曰：「向敏中大耐官職。」向文簡拜僕射年月未曾著於國史。熙寧中，因見中書題名記：天禧元年八月，敏中加右僕射。然密院題名記：天禧元年二月，王欽若加右僕射。

晏元獻公爲童子時，張文節薦之於朝廷，召至闕下，適值御試進士，便令公就試。公一見試題曰：「臣十日前已作此賦，有賦草尚在，乞別命題。」上極愛其不隱。及爲館職，時天下無事，許臣寮擇勝燕飲，當時侍從文館士大夫爲燕集，以至市樓酒肆，往往皆供帳爲遊息之地。公是時貧甚，不能出，獨家居與昆弟講習。一日選東宫官，忽自中批除晏殊。執政莫諭所因，次日進覆，上諭之曰：「近聞館閣臣寮，無不嬉遊燕賞，彌日繼夕，唯殊杜門與兄弟讀書，如此謹厚，正可爲東宫官。」公既受命，得對，上面諭除授之意，公語言質野，則曰：「臣非不樂燕遊者，直以貧無可爲之。臣若有錢，亦須往，但無錢不能出耳。」上益嘉其誠實，知事君體，眷注日深。仁宗朝，卒至大用。

寶元中，忠穆王吏部爲樞密使，河西首領趙元昊叛。上問邊備，輔臣皆不能對，明日，樞密四人皆罷。忠穆謫虢州。翰林學士蘇公儀與忠穆善，出城見之。忠穆謂公儀曰：「罷之此行，前十年已有人言之。」公儀曰：「必術士也。」忠穆曰：「非也。昔時爲三司鹽鐵副使，疏決獄囚，至河北。是時曹南院自陝西謫官初起爲定帥，罷至定，治事畢，瑋謂罷曰：『決事已畢，自此當還，明日願少留一日，欲有所言。』罷既愛其雄材，又聞欲有所言，遂爲之留。明日，具饌甚簡儉，食罷，屏左右曰：『公滿面權骨，不爲樞輔即邊帥。或謂公當作相，則不然也。然不十年必總樞柄。此時西方當有警，公宜預講邊備，蒐閱人材，不然，無以應卒。』罷曰：『四境之事，唯公知之，幸以見教。』曹曰：『瑋實知之，今當爲公言。瑋在陝西日，河西趙德明嘗使人以馬博易于中國，怒其息微，欲殺之，莫可諫止。德明有一子，方十餘歲，極諫不已，曰：「以戰馬資鄰國，已是失計。今更以貨殺邊人，則誰肯爲我用者？」瑋聞其言，私念之曰：「此子欲用其人矣，是必有異志。」聞其常往來牙市中，瑋欲一識之，屢使人誘致之，不可得，乃使善畫者圖形容，既至，觀之真英物也。此子必須爲邊患，計其時節，正在公秉政之日，公其勉之。』罷是時殊未以爲然，今知其所畫乃元昊也，皆如其言也。」四人：夏守贇、罷、陳執中、張觀。康定元年二月，守贇加節度，罷爲南院，罷、執中、觀各守本官罷。

石曼卿喜豪飲，與布衣劉潛爲友，嘗通判海州。劉潛來訪之，曼卿迎之於石闥堰，與潛劇飲。中夜酒欲竭，顧舡中有醋斗餘，乃傾入酒中併飲之。至明日，酒醋俱盡。每與客痛飲，露髮跣足，着械而坐，謂之「囚飲」。飲于木杪，謂之「巢飲」。以藁束之，引首出飲，復就束，謂之「鼈飲」。其狂縱大率如此。廨後爲一庵，常卧其間，名之曰「捫虱庵」。未嘗一日不醉。仁宗愛其才，嘗對輔臣言欲其戒酒。延年聞之，因不飲，遂成疾而卒。

工部胡侍郎則爲邑日，丁晉公爲遊客見之，胡待之甚厚，丁因投詩索米。明日，胡延晉公，常日所用樽罍悉屏去，但陶器而已。丁失望，以爲厭己，遂辭去。胡往見之，出銀一篋遺丁曰：「家素貧，唯此飲器，願以贐行。」丁始諭設陶器之因，甚愧德之。後晉公驟達，極力携挽，卒至顯位。慶曆中，諫官李兢坐言事謫湖南物務，内殿承制范亢爲黄、蔡間都監，以言事官坐謫，後多至顯官，乃悉傾家物，與兢辦行，兢至湖南，少日遂卒。前輩有言：「人不可有意，有意即差。」事固不可前料也。

朱壽昌，刑部朱侍郎巽之子，其母微，壽昌流落貧家，十餘歲方得歸，遂失母所在，壽昌哀慕不已，及長，乃解官訪母，遍走四方，備歷艱難，見者莫不憐之。聞佛書有水懺者，其説謂欲見父母者，誦之當獲所願，壽昌乃晝夜誦持，仍刺血書懺，摹板印施於人，唯願見母，歷年甚多。忽一日至河中府，遂得其母，相持慟絶，感動行路，乃迎以歸，事母至孝。

復出從仕，今爲司農少卿。士人爲之傳者數人，丞相荆公而下，皆有《朱孝子詩》數百篇。

朝士劉廷式本田家，鄰舍翁甚貧，有一女，約與廷式爲婚，後契闊數年，廷式讀書登科，歸鄉閭訪鄰翁，而翁已死，女因病雙瞽，家極困餓，廷式使人申前好，而女子之家辭以疾，仍以傭耕，不敢姻士大夫。廷式堅不可，與翁有約，豈可以翁死子疾而背之，卒與成婚。閨門極雍睦，其妻相携而後能行，凡生數子，廷式嘗坐小譴，監司欲逐之，嘉其有美行，遂爲之闊略。其後廷式管幹江州太平宫，而妻死，哭之極哀。蘇子瞻愛其義，爲文以美之。

柳開少好任氣，大言凌物。應舉時，以文章投主司於簾前，凡千軸，載以獨輪車。引試日，衣襴自擁車以入，欲以此駭衆取名。時張景能文有名，唯袖一書簾前獻之，主司大稱賞，擢景優等。時人爲之語曰：「柳開千軸，不如張景一書。」

卷十

人事二

蔣堂侍郎爲淮南轉運使日，屬縣例致賀冬至書，皆投書即還，有一縣令使人獨不肯去，須責回書，左右諭之，皆不聽，以至呵逐亦不去，曰：「寧得罪，不得書不敢回邑。」時蘇子美在坐，頗駭怪，曰：「皁隸如此野很，其令可知。」蔣曰：「不然。審必健者，能使人不敢慢其命令如此。」乃爲一簡答之，方去。子美歸吴中月餘，得蔣書曰：「縣令果健者。」遂爲之延譽，後卒爲名臣。或云，乃天章閣待制杜杞也。

國子博士李餘慶知常州，强於政事，果於去惡，凶人惡吏畏之如神。末年，得疾甚困，有州醫博士多過惡，常懼爲餘慶所發，因其困，進利藥以毒之，服之洞泄不已，勢已危。餘慶察其姦，使人扶舁坐廳事，召醫博士杖殺之，然後歸卧，未及席而死。葬於横山，人至今畏之，過墓者皆下。有病瘧者，取墓土着床席間輒差。其敬憚之如此。

盛文肅爲尚書右丞，知揚州，簡重少所許可。時夏有章自建州司户參軍授鄭州推官，過揚州，文肅驟稱其才雅，明日置酒召之。人有謂有章曰：「盛公未嘗燕過客，甚器重者方召一飯。」有章荷其意，別日爲一詩謝之。至客次，先使人持詩以入。公得詩，不發封，即還之，使人謝有章曰：「度已衰老，無用此詩。」不復得見。有章殊不意，往見通判刁繹，具言所以，繹亦不諭其由，曰：「府公性多忤，詩中得無激觸否？」有章曰：「元未曾發封。」又曰：「無乃筆札不嚴？」曰：「有章自書極嚴謹。」曰：「如此必是將命者有所忤耳。」乃往見文肅而問之：「夏有章今日獻詩何如？」公曰：「不曾讀，已還之。」繹曰：「公始待有章甚厚，今乃不讀其詩，何也？」公曰：「始見其氣韻清秀，謂必遠器，今封詩乃自稱：『新圃田從事』，得一幕官，遂爾輕脱，君但觀之，必止於此官，志已滿矣。切記之，他日可驗。」賈文元時爲參政，與有章有舊，乃薦爲館職，有詔候到任一年召試。明年，除館閣校勘，御史發其舊事，遂寢奪，改差國子監主簿，仍帶鄭州推官。未幾卒於京師。文肅閱人物多如此，不復挾他術。

林逋隱居杭州孤山，常畜兩鶴，縱之則飛入雲霄，盤旋久之，復入籠中。逋常汎小艇遊西湖諸寺，有客至逋所居，則一童子出應門，延客坐，爲開籠縱鶴，良久，逋必棹小舡而歸，蓋嘗以鶴飛爲驗也。逋高逸倨傲，多所學，唯不能棊。常謂人曰：「逋世間事皆能之，唯不能擔糞與着棊。」

慶曆中，有近侍犯法，罪不至死，執政以其情重，請殺之。范希文獨無言，退而謂同列曰：「諸公勸人主法外殺近臣，一時雖快意，不宜教手滑。」諸公默然。

景祐中，審刑院斷獄，有使臣何次公具獄，主判官方進呈，上忽問此人名「次公」者何義？主判官不能對。是時龐莊敏爲殿中丞、審刑院詳議官，從官長上殿，乃越次對曰：「臣嘗讀《前漢書》，黄霸，字次公，蓋以霸次王也。此人必慕黄霸之爲人。」上頷之。異日復進讞，上顧知院官問曰：「前時姓龐詳議官何故不來？」知院對任滿已出外官。上遽指揮中書與在京差遣，除三司檢法官。俄擢三司判官，慶曆中遂入相。

卷十一

官政一

世稱陳恕爲三司使，改茶法，歲計幾增十倍。予爲三司使時，考其籍，蓋自景德中北戎入寇之後，河北糴便之法蕩盡【一】，此後茶利十喪其九。恕在任，值北虜講解，商人頓復，歲課遂增。雖云十倍之多，考之尚未盈舊額。至今稱道，蓋不虞之譽也。

世傳算茶有「三説法」最便。三説者，皆謂見錢爲一説，犀牙、香藥爲一説，茶爲一説【二】。深不然也。此乃「三分法」。其謂緣邊入納糧草，其價折爲三分，一分支見錢，一分折犀象雜貨，一分折茶。爾後又有並折鹽爲「四分法【三】」，更改不一，皆非三説也。予在三司，求得三説舊案。三説者，乃是三事，博糴爲一説，便糴爲一説，直便爲一説。其爲之博糴者【四】，極邊糧草，歲入必欲足常額，每歲自三司抛數下庫務，先封樁見錢、緊便錢、緊茶鈔。緊便錢，謂水路商旅所便處。緊茶鈔，謂上三山場榷務【五】。然後召人入中。便糴者，次邊糧草，商人先入中糧草【六】，乃詣京師算請慢便錢【七】、慢茶鈔及雜貨。慢便錢謂道路貨易非便處【八】。慢茶鈔謂下三山場榷務【九】。直便者，商人取便於緣邊入納見錢，於京師請領。三説

校勘記

【一】河北糴便之法蕩盡　「蕩」原作「場」，據愛盧本、四庫本改。

【二】茶爲一説　「茶」字原脱，據愛盧本、四庫本補。

【三】又有並折鹽爲四分法　「並」原脱，據愛盧本補。

【四】其爲之博糴者　「之」原作「文」，據愛盧本、四庫本改。

【五】謂上三山場榷務　「榷」原作「摧」，據愛盧本、四庫本改。

【六】商人先入中糧草　七字原脱，據愛盧本、四庫本補。

先博糴數足，然後聽便糴及直便，以此商人競趨爭先赴極邊博糴，故邊粟常充足，不爲諸郡分裂，糧草之價不能翔踴，諸路税課亦皆盈衍，此良法也。予在三司方欲講求，會左遷，不果建議。

延州，故豐林縣城，赫連勃勃所築，至今謂之「赫連城」，緊密如石，斸之皆火出。其城不甚厚，但馬面極長且密，予親使人步之，馬面皆長四丈，相去六七丈。以爲馬面密則城不須太厚，人力亦難攻也【一〇】。予曾親見攻城，若馬面長則可反射城下攻者，兼密則矢石相及，敵人至城下，則四面矢石臨之。須使敵人不能到城下，乃爲良法。今邊城雖厚，而馬面極短且踈，若敵人可到城下，則城雖厚終爲危道。其間更多刓其角，謂之「團敵」，此尤無益。全藉倚樓角以發矢石，以覆護城脚，但使敵人見備處多則自不可存立。赫連之城，深爲可法也【一一】。

劉晏掌南計，數百里外物價高下，即日知之。人有得晏一事，予在三司時，嘗行之于東南。每歲發運司和糴米于郡縣，未知價之高下，須先具價申禀，然後視其貴賤，貴則寡取，賤則取盈，盡得郡縣之價，方能契數行下，比至則粟價已增，所以常得貴售。晏法則令多粟通途郡縣，以數十歲糴價，與所糴粟數高下各爲五等，具籍于主者，今屬發運司。粟價纔定，更不申禀，即時廪收，但第一價則糴第五數，第五價則糴第一數，第二價則糴第四數，第四價則糴第二數，乃即馳遞報發運司。如此粟賤之地，自糴盡極數，其餘節級各得

【七】乃詣京師算請慢便錢　「算」原作「等」，據愛盧本、四庫本改。

【八】慢便錢謂道路貨易非便處　「錢」原脱，據愛盧本、四庫本補。

【九】慢茶鈔謂下三山場榷務　「榷」原作「將」，據愛盧本、四庫本改。

【一〇】人力亦難攻也　「攻」原作「兼」，據愛盧本、四庫本改。

【一一】深爲可法也　「爲可」，愛盧本、四庫本作「可爲」。

其宜，已無極售。發運司仍會諸郡所糴之數計之，若過於多則損貴與遠者，尚少則增賤與近者。自此粟價未嘗失時，各當本處豐儉，即日知價，信皆有術。

舊校書官多不恤職事，但取舊書以墨漫一字，復注舊字於其側以爲日課。自置編校局，只得以朱圍之，仍於卷末書校官姓名。

五代方鎮割據，多於舊賦之外重取於民。國初悉皆蠲正，稅額一定，其間有或重輕未均處【一二】，隨事均之。福、歙州稅額太重，福州則令以錢二貫五百折納絹一疋，歙州輸官之絹止重數兩，太原府輸賦全除，乃以減價糶糴補之。後人往往疑福、歙折絹太貴，太原折米太賤，蓋不見當時均賦之意也。

夏秋沿納之物，如鹽麴錢之類，名件煩碎。慶曆中，有司建議併合歸一名，以省帳鈔。程文簡爲三司使，獨以謂仍舊爲便，若没其舊名，異日不知，或再敷鹽麴則致重複。此亦善慮事也。

近歲邢、壽兩郡各斷一獄，用法皆誤，爲刑曹所駁。壽州有人殺妻之父母昆弟數口，州司以不道緣坐妻子，刑曹駁曰：「毆妻之父母即是義絶，况其謀殺，不當復坐其妻。」邢州有盜殺一家，其夫婦即時死，唯一子明日乃死，其家財産户絶，法給出嫁親女。刑曹駁曰：「其家父母死時其子尚生，財産乃子物。出嫁親女乃出嫁姊妹，不合有分。」此二事略同，一失於生者，一失於死者。

【一二】其間有或重輕未均處　「有或」，愛盧本、四庫本作「或有」。

深州舊治靖安，其地鹻滷，不可藝植，井泉悉是惡滷。景德中，議遷州，時傅潜家在李晏，乃奏請遷州于李晏，今深州是也。土之不毛，無以異於舊州，鹽鹻殆與土半，城郭朝補暮壞，至於薪芻亦資於他邑。唯胡盧水粗給居民，然原自外來，亦非邊城之利。舊州之北有安平、饒陽兩邑，田野饒沃，人物繁庶，正當徐村之口，與祁州、永寧犬牙相望。不移州于此，而恤其私利亟城李晏者，潜之罪也。

律云：「免官者，三載之後降先品二等叙。免所居官及官當者，朞年之後降先品一等叙。」降先品者，謂免官二官皆免，則從未降之品降二等叙之，免所居官及官當止一官，故降未降之品一等叙之。今叙官乃從見存之官更降一等者，誤曉律意也。

律累降雖多，各不得過四等。此止法者不徒爲之，蓋有所礙，不得不止。據律，更犯有歷任官者仍累降之，所降雖多，各不得過四等。注：「各謂二官各降，不在通計之限。」二官謂職事官、散官、衛官爲一官，勳官爲一官。二官各四等，不得通計，乃是共降八等而止。予考其義，蓋除名叙法，正四品於正七品下叙，從四品於正八品上叙，即是降先品九等，免官官當若降五等則反重於除名，此不得不止也。此律今雖不用，然用法者須知立法之意，則於新格無所抵牾。予檢正刑房公事日，曾遍詢老法官，無一人曉此意者。

邊城守具中有戰棚，以長木抗於女墻之上，大體類敵樓，可以離合，設之，頃刻可就，以備倉卒城樓摧壞，或無樓處受攻則急張戰棚以臨之。梁侯景攻臺城，爲高樓以臨城，城上亦爲樓以拒之，使壯士交槊鬭于樓上，亦近此類。預備敵人，非倉卒可致。近歲邊臣有議，以謂既有敵樓則戰棚悉可廢省，恐講之未熟也。

鞫真卿守潤州，民有鬭毆者，本罪之外，别令先毆者出錢以與後應者。小人靳財，兼不憤輸錢于敵人，終日紛爭相視，無敢先下手者。

曹州人趙諫嘗爲小官，以罪廢，唯以録人陰事，控制閭里，無敢迕其意者，人畏之甚於寇盜，官司亦爲其羈紲，俯仰取容而已。兵部員外郎謝濤知曹州，盡得其凶跡，逮繫有司，具前後巨蠹狀奏列，章下御史府按治，姦贓狼籍，遂論棄市，曹人皆相賀。因此有告不干己事法，著于勅律。

驛傳舊有三等，曰步遞、馬遞、急脚遞。急脚遞最遽，日行四百里，唯軍興則用之。熙寧中，又有「金字牌急脚遞」，如古之羽檄也。以木牌朱漆黄金字，光明眩目，過如飛電，望之者無不避路。日行五百餘里。有軍前機速處分，則自御前發下，三省、樞密院莫得與也。

皇祐二年，吴中大饑，殍殣枕路。是時范文正領浙西，發粟及募民存餉，爲術甚備。吴人喜競渡，好爲佛事，希文乃縱民競渡，太守日出宴于湖上，自春至夏，居民空巷出遊。又召諸佛寺主首諭之曰：「饑歲工價至賤，可以大興土木之役。」於是諸寺工作鼎興。又新敖倉吏舍，日役千夫。監司奏劾杭州不恤荒政，嬉遊不節，及公私興造，傷耗民力。文正乃自條叙，所以宴遊及興造皆欲以發有餘之財，以惠貧者。貿易飲食工技服力之人【一三】，仰食於公私者，日無慮數萬人。荒政之施，莫此爲大。是歲兩浙唯杭州晏然，民不流徙，皆文正之惠也。歲饑，發司農之粟，募民興利，近歲遂著爲令。既已恤饑，因之以成就民利，此先王之美澤也。

凡師行，因糧於敵最爲急務。運糧不但多費，而勢難行遠。予嘗計之，人負米六斗，卒自携五日乾糧，人餉一卒，一去可十八日，米六斗，人食日二升，二人食之十八日盡。若計復回，只可進九日。二人餉一卒，一去可二十六日，米一石二斗，三人食日六升，八日則一夫所負已盡，給六日糧遣回。後十八日，二人食日四升並糧。若計復回，止可進十三日。前八日日食六升，後五日並回程，日食四升並糧。三人餉一卒，一去可三十一日，米一石八斗，前六日半四人食日八升，減一夫，給四日糧，十七日三人食日六升，又減一夫，給九日糧，後十八日，二人食日四升並糧。計復回止，可進十六日。前六日半日食八升，中七日日食六升，後十一日並回程日食四升並糧。三人餉一卒，極矣。若興師十萬，輜重三之一，止得駐戰之卒七萬人，已用三十萬人運糧，此外難復加矣。放回運夫須有援卒，緣運行死亡疾病，人數稍減，且以所減之食準援卒所費。運糧之法，人負六斗，此以總數率之也。其間隊長不負，樵汲減半，所餘皆均在衆夫，更有死亡疾病者所負之米，又以均之，則人所負，常不啻六斗矣。故軍中不容冗食，一夫冗食，二三人餉之，尚或不足。若以畜乘運之則駝負三石，馬、騾一石五斗，驢一石，比之人運，雖負多而費寡，然芻牧不時，畜多瘦死，一畜死則並所負

【一三】貿易飲食工技服力之人「技」原作「夫」，據愛廬本、四庫本改。

棄之，較之人負，利害相半。

忠、萬間夷人，祥符中嘗寇掠，邊臣苟務懷來，使人招其酋長，禄之以券粟。自後有傚而爲之者，不得已，又以券招之。其間紛爭者至有自陳，若某人纔殺掠若干人遂得一券，我凡殺兵民數倍之多，豈得亦以一券見給【一四】？互相計校，爲寇甚者則受多券。熙寧中會之，前後凡給四百餘券，子孫相承，世世不絶。因其爲盜，悉誅鋤之，罷其舊券，一切不與。自是夷人畏威，不復犯塞。

慶曆中，河決北都商胡，久之未塞，三司度支副使郭申錫親往董作。凡塞河決垂合，中間一埽謂之「合龍門」，功全在此。是時屢塞不合，時合龍門埽長六十步，有水工高超者獻議，以謂「埽身太長，人力不能壓，埽不至水底，故河流不斷而繩纜多絶。今當以六十步爲三節，每節埽長二十步，中間以索連屬之。先下第一節，待其至底，方壓第二【一五】、第三。」舊工爭之，以爲不可，云：「二十步埽不能斷漏，徒用三節，所費當倍而決不塞。」超謂之曰：「第一埽水信未斷，然勢必殺半。壓第二埽，止用半力，水縱未斷，不過小漏耳。第三節乃平地施工，足以盡人力。處置三節既定，即上兩節自爲濁泥所淤，不煩人功。」申錫主前議，不聽超説。是時賈魏公帥北門，獨以超之言爲然，陰遣數千人於下流收漉流埽。既定而埽果流，而河決愈甚，申錫坐謫。卒用超計，商胡方定。

鹽之品至多，前史所載，夷狄間自有十餘種，中國所出亦不減數十種。今公私通行者

【一四】豈得亦以一券見給　「給」原作「紿」，據愛廬本、四庫本改。

【一五】方壓第二　「方」原作「穴」，據愛廬本改。

四種：一者末鹽，海鹽也，河北、京東、淮南、兩浙、江南東西、荆湖南北、福建、廣南東西十一路食之。其次顆鹽，解州鹽澤及晉、絳、潞、澤所出，京畿、南京、京西、陝西、河東、褒、劍等處食之。又次井鹽，鑿井取之。益、梓、利、夔四路食之。又次崖鹽，生於土崖之間，階、成、鳳等州食之。唯陝西路顆鹽有定課，歲爲錢二百三十萬緡。自餘盈虛不常，大約歲入二千餘萬緡。唯末鹽歲自抄三百萬，供河北邊糴，其他皆給本處經費而已。緣邊糴買仰給於度支者，河北則海末鹽，河東、陝西則顆鹽及蜀茶爲多。運鹽之法，凡行百里，陸運斤四錢，船運斤一錢，以此爲率。

太常博士李處厚知廬州慎縣【一六】，嘗有毆人死者，處厚往驗傷，以糟胾灰湯之類薄之，都無傷跡。有一老父求見，曰：「邑之老書吏也，知驗傷不見其跡，此易辨也，以新赤油繖日中覆之，以水沃其屍，其跡必見。」處厚如其言，傷跡宛然。自此江、淮之間官司往往用此法。

錢塘江，錢氏時爲石堤，堤外又植大木十餘行【一七】，謂之「滉柱」。寶元、康定間，人有獻議取滉柱，可得良材數十萬，杭帥以爲然，既而舊木出水皆朽敗不可用，而滉柱一空，石堤爲洪濤所激，歲歲摧決。蓋昔人埋柱以折其怒勢，不與水爭力，故江濤不能爲患。杜偉長爲轉運使，人有獻說，自浙江税場以東移退數里爲月堤，以避怒水，衆水工皆以爲便，獨一老水工以爲不然，密諭其黨曰：「移堤則歲無水患，若曹何所衣食？」衆人樂其利乃

【一六】李處厚知廬州慎縣　「慎」原作「值」，據四庫本、《元豐九域志》卷五、《宋史·地理志》四改。

【一七】堤外又植大木十餘行　「木」原作「才」，據愛廬本、四庫本改。

從而和之。偉長不悟其計，費以鉅萬，而江堤之害仍歲有之。近年乃講月堤之利，濤害稍稀，然猶不若滉柱之利，然所費至多，不復可爲。

陝西顆鹽，舊法官自般運，置務拘賣。兵部員外郎范祥始爲鈔法，令商人就邊郡入錢四貫八百售一鈔，至解池請鹽二百斤，任其私賣。得錢以實塞下，省數十郡般運之勞，異日輦車牛驢以鹽役死者歲以萬計，冒禁抵罪者不可勝數，至此悉免。行之既久，鹽價時有低昂，又於京師置都鹽院，陝西轉運司自遣官主之。京師食鹽斤不足三十五錢則斂而不發，以長鹽價，過四十則大發庫鹽，以壓商利。使鹽價有常而鈔法有定數。行之數十年，至今以爲利也。

河北鹽法，太祖皇帝嘗降墨勑，聽民間賈販，唯收税錢，不許官榷。其後有司屢請閉固，仁宗皇帝又有批詔云：「朕終不使河北百姓常食貴鹽。」獻議者悉罷遣之。河北父老皆掌中掬灰，藉火焚香，望闕歡呼稱謝。熙寧中，復有獻謀者，予時在三司，求訪兩朝墨勑不獲。然人人能誦其言，議亦竟寢。

卷十二

官政二

淮南漕渠，築埭以畜水，不知始於何時。舊傳召伯埭謝公所爲。按李翺《來南録》，唐時猶是流水，不應謝公時已作此埭。天聖中，監真州排岸司右侍禁陶鑑始議爲復閘節水，以省舟舡過埭之勞。是時工部郎中方仲荀、文思使張綸爲發運使、副，表行之，始爲真州閘，歲省冗卒五百人，雜費百二十五萬。運舟舊法，舟載米不過三百石，閘成，始爲四百石舡。其後所載浸多，官舡至七百石，私舡受米八百餘囊，囊二石。自後北神、召伯、龍舟、茱萸諸埭相次廢革，至今爲利。予元豐中過真州，江亭後糞壤中見一卧石，乃胡武平爲《水閘記》，略叙其事而不甚詳具。

張杲卿丞相知潤州日，有婦人夫出外數日不歸。忽有人報菜園井中有死人，婦人驚，往視之，號哭曰：「吾夫也。」遂以聞官。公令屬官集鄰里就井驗是其夫與非，衆皆以井深不可辨，請出屍驗之。公曰：「衆皆不能辨，婦人獨何以知其爲夫？」收付所司鞫問，果姦人殺其夫，婦人與聞其謀。

慶曆中，議弛茶鹽之禁及減商税。范文正以爲不可，茶鹽商税之入，但分減商賈之利耳，行於商賈未甚有害也。今國用未減，歲入不可闕，既不取之於山澤及商賈，須取之於農。以其害農，孰若取之於商賈？今爲計莫若先省國用，國用有餘當先寬賦役，然後及商賈，弛禁非所當先也。其議遂寢。

真宗皇帝南衙日，開封府十七縣皆以歲旱放税，即有飛語聞上，欲有所中傷。太宗不悦，御史探上意，皆露章言開封府放税過實，有旨下京東、西兩路諸州選官覆按。内亳州當按太康、咸平兩縣，是時曾會知亳州，王冀公在幕下。曾愛其識度，常以公相期之，至是遣冀公行，仍戒之曰：「此行所繫事體不輕，不宜小有高下。」冀公至兩邑，按行甚詳。其餘抗言放税過多，追收所税物，而冀公獨乞全放，人皆危之。明年，真宗即位，首擢冀公爲右正言，仍謂輔臣曰：「當此之時，朕亦自危懼，欽若小官，敢獨爲百姓伸理，此大臣節也。」自後進用超越，卒至入相。

國朝初平江南，歲鑄錢七萬貫，自後稍增廣。至天聖中，歲鑄一百餘萬貫，慶曆間，至三百萬貫，熙寧六年以後，歲鑄銅鐵錢六百餘萬貫。

天下吏人素無常禄，唯以受賕爲生，往往致富者。熙寧三年，始制天下吏禄，而設重法以絶請託之弊。是歲京師諸司歲支吏禄錢三千八百三十四貫二百五十四，歲歲增廣，至熙寧八年，歲支三十七萬一千五百三十三貫一百七十八。自後增損不常，皆不過此數。

京師舊有禄者及天下吏禄皆不預此數。

國朝茶利，除官本及雜費外，淨入錢禁榷時取一年最中數，計一百九萬四千九十三貫八百八十五，内六十四萬九千六十九貫茶淨利，賣茶，嘉祐二年，收十六萬四百三十一貫五百二十七，除元本及雜費外，得淨利十萬六千九百五十七貫六百八十五。客茶交引錢，嘉祐三年，除元本及雜費外，得淨利五十四萬二千一百一十一貫五百二十四。四十四萬五千二十四貫六百七十。茶税錢，最中嘉祐元年所收數，除川茶錢在外。通商後來取一年最中數，計一百一十七萬五千一百四貫九百一十九錢，内三十六萬九千七十二貫四百七十一錢茶租，嘉祐四年通商，立定茶交引錢六十八萬四千三百二十一貫三百八十，後累經減放，至治平二年最中分收上數。八十萬六千三十二貫六百四十八錢茶税。最中，治平三年，除川茶税錢外會此數。

本朝茶法：乾德二年，始詔在京、建州、漢、蘄口各置榷貨務。五年，始禁私賣茶，從不應爲情理重。太平興國二年，删定禁法條貫，始立等科罪。淳化二年，令商賈就園户買茶，公於官場貼射，始行貼射法。淳化四年，初行交引，罷貼射法，西北入粟給交引，自通利軍始，是歲罷諸處榷貨務，尋復依舊。至咸平元年，茶利錢以一百三十九萬二千一百一十九貫三百一十九爲額。至嘉祐三年凡六十一年用此額，官本雜費皆在内，中間時有增虧，歲入不常。咸平五年，三司使王嗣宗始立「三分法」，以十分茶價，四分給香藥，三分犀象，三分茶引。六年，又改支六分香藥犀象，四分茶引。景德二年，許人入中錢帛金銀，謂之「三説」。至祥符九年，茶引益輕，用知秦州曹瑋議，就永興、鳳翔以官錢收買客引，以捄引價，前此累增加饒錢。至天禧二年，鎮戎軍納大麥一斗，本價通加饒共支錢一貫二百五十四。乾興元年，改三分法，支茶引三分，東南見錢二分半，香藥四分半。天聖元年，復行貼射法，行之三年，茶利盡歸大商，官場但得黄晚惡茶，乃詔孫奭重議，罷貼射法。明年，推治元議省吏，計覆官、旬獻等皆決配沙門島，元詳定樞密副使張鄧公，參知政事吕許公、魯肅簡各罰俸一月，御史中丞劉筠、入内内侍省副都知周文質、西上閤門使薛昭廓、三部副使各罰銅二十斤，前三司使李諮落樞密直學士，依舊知洪州。皇祐三年，筭茶依舊只用見錢。至嘉祐四年二月五日，降勅罷茶禁。

國朝六榷貨務，十三山場都賣茶，歲一千五十三萬三千七百四十七斤半，祖額錢二百二十五萬四千四十七貫一十。其六榷貨務，取最中。嘉祐六年，抛占茶五百七十三萬六千七百八十六斤半，祖額錢一百九十六萬四千六百四十七貫二百七十八。荊南府祖額錢三十一萬五千一百四十八貫三百七十五，受納潭、鼎、澧、岳、歸、峽州、荊南府片散茶共八十七萬五千三百五十七斤。漢陽軍祖額錢二十一萬八千三百二十一貫五十一，受納鄂州片茶二十三萬八千三百斤半。蘄州蘄口祖額錢三十五萬九千八百三十九貫八百一十四，受納潭、建州、興國軍片茶五十萬斤。無爲軍祖額錢三十四萬八千六百二十貫四百三十，受納潭、筠、袁、池、饒、建、歙、江、洪州、南康、興國軍片散茶共八十四萬二千三百三十三斤。真州祖額錢五十一萬四千二十二貫九百三十二，受納潭、袁、池、饒、歙、建、撫、筠、宣、江、吉、洪州、興國、臨江、南康軍片散茶共二百八十五萬六千二百六斤。海州祖額錢三十萬八千七百三貫六百七十六，受納睦、湖、杭、越、衢、温、婺、台、常、明、饒、歙州片散茶共四十二萬四千五百九十斤。十三山場祖額錢共二十八萬九千三百九十九貫七百三十二，共買茶四百七十九萬六千九百六十一斤。光州光山場買茶三十萬七千二百十六斤，賣錢一萬二千四百五十六貫。子安場買茶二十二萬八千三十斤，賣錢一萬三千六百八十九貫三百四十八【一】。商城場買茶四十萬五百五十三斤，賣錢二萬七千七十九貫四百四十六。壽州麻步場買茶三十三萬一千八百三十三斤，賣錢三萬四千八百一十一貫三百五十。霍山場買茶五十三萬二千三百九斤，賣錢三萬五千五百九十五貫四百八十九。開順場買茶二十六萬九千七十七斤，賣錢一萬七千一百三十貫。廬州王同場買茶二十九萬七千三百二十八斤，賣錢一萬四千三百五十七貫六百四十二。黄州麻城場買茶二十八萬四千二百七十四斤，賣錢一萬二千五百四十貫。舒州羅源場買茶一十八萬五千八十二斤，賣錢一萬四百六十九貫七百八十五。太湖場買茶八十二萬九千三十二斤，賣錢三萬六千九十六貫六百八十。蘄州洗馬場買茶四十萬斤，賣錢二萬六千三百六十貫。王祺場買茶一十八萬二千二百二十七斤，賣錢一萬一千九百五十三貫九百九十二。石橋場買茶五十五萬斤，賣錢三萬六千八十貫。

【一】賣錢一萬三千六百八十九貫三百四十八　「千」原作「十」，據四庫本改。

【二】湖城硤石　「湖」原作「胡」，「硤」原作「峽」，據《元豐九域志》（以下簡稱《九域志》）卷三、《宋史·地理志》（以下簡稱《宋志》）三改。

【三】莫　原作「鄚」，據《九域志》卷二、《宋志》二改。

【四】臨津　「津」原作「律」，據愛廬本、《九域志》卷二、《宋志》二改。

發運司歲供京師米，以六百萬石爲額。淮南一百三十萬石，江南東路九十九萬一千一百石，江南西路一百二十萬八千九百石，荊湖南路六十五萬石，荊湖北路三十五萬石，兩浙路一百五十萬石，通餘羨歲入六百二十萬石。

熙寧中，廢併天下州縣。迄八年，凡廢州、軍、監三十一，儀、滑、慈、鄭、集、萬、乾、儋、南儀、復、蒙、春、陵、憲、遼、寶、壁、梅、漢陽、通利、寧化、光化、清平、永康、荊門、廣濟、高郵、江陰、富順、漣水、宣化。廢縣一百二十七，晉州趙城。杭州南新。普州普康。磁州昭德。華州渭南。德州德平。陵州貴平、藉縣。忠州桂溪。兗州鄒縣。廣州信安、四會。陝府湖城、硤石【二】。河中河西、永樂。巴州七盤、其章。坊州昇平。春州銅陵。北京大名、洹水、經城、永濟。莫州莫【三】、長豐。梧州戎城。邛州臨溪。梓州永泰。河陽汜水。滄州饒安、臨津【四】。融州武陽、羅城。象州武化【五】。歸州興山。汝州龍興。懷州脩武、武陟。道州營道。慶州樂蟠、華池【六】。瀛州束城、景城。順安高陽。澶州頓丘。洺州曲周、臨洺。丹州雲巖、汾川。潞州黎城。瓊州舍城。火山火山。橫州永定。宜州古陽、禮丹、金城、述昆。汾州孝義。延州金明、豐林、延水。太原平晉。隨州光化。邢州堯山、任縣、平鄉。秦州長道。達州三岡【七】、石鼓【八】。揚州廣陵。趙州隆平【九】、柏鄉、贊皇。雅州百丈、榮經。祁州深澤【一〇】。同州夏陽。嘉州平羌。河南洛陽、福昌、潁陽、緱氏、伊闕。濱州招安【一一】。慈州文城、吉鄉。成都犀浦。戎州宜賓。綿州西昌【一二】。榮州公井。寧化寧化。乾寧乾寧。真定靈壽、井陘。荊南建寧、枝江【一三】。辰州麻陽、招諭【一四】。陳州南頓。桂州脩仁、永寧。安州雲夢。忻

【五】武化　「化」原作「比」，據愛廬本、《宋志》六改。

【六】華池　「池」原脱，據愛廬本、《九域志》卷三、《宋志》三增補。

【七】三岡　「岡」原作「山」，據《九域志》卷八、《宋志》五改。

【八】石鼓　「鼓」後原衍「蜀」字，據《類苑》卷三三、《九域志》卷八、《宋志》五删。

【九】隆平　「隆」原作「柏」，據《九域志》卷二、《宋志》二改。

【一〇】深澤　「深」原作「保」，據《九域志》卷二、《宋志》二改。

【一一】招安　「招」原作「相」，據《類苑》卷二一、卷三三、《九域志》卷二、《宋志》二改。

【一二】西昌　「西」原作「高」，據《九域志》卷七改。

州定襄。劍門關劍門。漢陽漢川。恩州清陽。熙州狄道。河州枹罕。衛州新鄉、衛。渝州南川。虢州玉城。果州流溪。利州平蜀。許州許田。岢嵐嵐谷【一五】。蓬州蓬山【一六】、良山。冀州新河【一七】。涪州温山。閬州晉安、岐平。復州玉沙【一八】。潤州延陵。

【一三】枝江　「枝」原作「支」，據《九域志》卷六、《宋志》四改。

【一四】招諭　「諭」原作「化」，據《類苑》卷二一、卷三三、《九域志》卷六、《宋志》四改。

【一五】嵐谷　「谷」原作「石」，據愛廬本、《九域志》卷四、《宋志》二改。

【一六】蓬山　「蓬」原作「逢」，據《類苑》卷二一、卷三三、《九域志》卷八，《宋志》五改。

【一七】新河　「河」原作「珂」，據《類苑》卷二一、卷三三、《九域志》卷二、《宋志》二改。

【一八】玉沙　原作「王涉」，據《九域志》卷一〇、《宋志》四改。

卷十三

權智

陵州鹽井深五百餘尺，皆石也，上下甚寬廣，獨中間稍狹，謂之「杖鼓腰」。舊自井底用柏木爲榦，上出井口，自木榦垂緶而下方能至水，井側設大車絞之。歲久井榦摧敗，屢欲新之，而井中陰氣襲人，入者輒死，無緣措手。惟候有雨入井則陰氣隨雨而下，稍可施工，雨晴復止。後有人以一木盤，滿中貯水，盤底爲小竅，釃水一如雨點，設於井上，謂之「雨盤」，令水下終日不絕，如此數月，井榦爲之一新，而陵井之利復舊。

世人以竹木牙骨之類爲叫子，置人喉中吹之，能作人言，謂之「顙叫子」。嘗有病瘖者爲人所苦，煩冤無以自言，聽訟者試取叫子令顙之，作聲如傀儡子，粗能辨其一二，其冤獲申。此亦可記也。

《莊子》曰：「畜虎者不與全物、生物。」此爲誠言。嘗有人善調山鶘，使之鬭，莫可與敵。人有得其術者，每食則以山鶘皮裹肉哺之，久之，望見其鶘則欲搏而食之，此以所養移其性也。

寶元中，党項犯塞。時新募「萬勝軍」，未習戰陳，遇寇多北。狄青爲將，一日，盡取「萬勝」旗付「虎翼軍」，使之出戰。虜望其旗易之，全軍徑趨，爲「虎翼」所破，殆無遺類。又青在涇原，嘗以寡當衆，度必以奇勝，預戒軍中盡捨弓弩，皆執短兵器，令軍中聞鉦一聲則止，再聲則嚴陣而陽卻，鉦聲止則大呼而突之，士卒皆如其教。纔遇敵，未接戰，遽聲鉦，士卒皆止，再聲，皆卻。虜人大笑，相謂曰：「孰謂狄天使勇？」時虜人謂青爲「天使」。鉦聲止，忽前突之，虜兵大亂，相蹂踐死者不可勝計也。

狄青爲樞密副使，宣撫廣西。時儂智高守崑崙關，青至賓州，值上元節，令大張燈燭，首夜燕將佐，次夜燕從軍官，三夜饗軍校。首夜樂飲徹曉，次夜二鼓時，青忽稱疾，暫起如內，久之，使人諭孫元規，令暫主席行酒，少服藥乃出。數使人勤勞座客，至曉，各未敢退。忽有馳報者云，是夜三鼓，青已奪崑崙矣。

曹南院知鎮戎軍日，嘗出戰小捷，虜兵引去。瑋偵虜兵去已遠【一】，乃驅所掠牛羊輜重，緩驅而還，頗失部伍。其下憂之，言於瑋曰：「牛羊無用，徒縻軍，不若棄之，整衆而歸。」瑋不答，使人候。虜兵去數十里，聞瑋利牛羊而師不整，遽襲之【二】。瑋愈緩，行得地利處，乃止以待之。虜軍將至近【三】，使人謂之曰：「蕃軍遠來必甚疲，我不欲乘人之怠，請休憩士馬，少選決戰。」虜方苦疲甚，皆欣然嚴軍歇。良久，瑋又使人諭之：「歇定可相馳矣。」於是各鼓軍而進，一戰大破虜師，遂棄牛羊而還。徐謂其下曰：「吾知虜已

【一】瑋偵虜兵去已遠　「偵」原作「嗔」，據愛廬本改。

【二】遽襲之　朱熹《五朝名臣言行録》卷三作「遽還襲之」。

【三】虜軍將至近　「近」原作「迎」，據《五朝名臣言行録》改。

疲，故爲貪利以誘之。比其復來，幾行百里矣，若乘鋭便戰，猶有勝負。遠行之人，若小憩則足痹不能立，人氣亦闌，吾以此取之。」

予友人有任術者，嘗爲延州臨真尉，携家出宜秋門。是時茶禁甚嚴，家人懷越茶數斤，稠人中馬驚，茶忽墜地。其人陽驚，回身以鞭指城門鴟尾，市人莫測，皆隨鞭所指望之，茶囊已碎于埃壤矣。監司嘗使治地訟，其地多山，嶮不可登，由此數爲訟者所欺。乃呼訟者告之曰：「吾不忍盡爾，當貫爾半。爾所有之地，兩畝止供一畝，慎不可欺，欺則盡覆入官矣。」民信之，盡其所有供半。既而指一處覆之，文致其參差處，責之曰：「我戒爾無得欺，何爲見負？今盡入爾田矣。」凡供一畝者悉作兩畝收之，更無一犂得隱者。其權數多此類。其爲人强毅恢廓，亦一時之豪也。

王元澤數歲時，客有以一麞一鹿同籠以問雱：「何者是獐，何者爲鹿？」雱實未識，良久，對曰：「獐邊者是鹿，鹿邊者是獐。」客大奇之。

濠州定遠縣一弓手善用矛，遠近皆伏其能。有一偷亦善擊刺，常蔑視官軍，唯與此弓手不相下，曰：「見必與之決生死。」一日，弓手者因事至村步，適值偷在市飲酒，勢不可避，遂曳矛而鬬，觀者如堵墻。久之，各未能進。弓手者忽謂偷曰：「尉至矣。我與爾皆健者，汝敢與我尉馬前決生死乎？」偷曰：「喏。」弓手應聲刺之，一舉而斃，蓋乘其隙也。又有人曾遇强寇鬬，矛刃方接，寇先含水滿口，忽噀其面，其人愕然，刃已揕胸。後有一壯士復與寇遇，已先知㬨水之事，寇復用之，水纔出口，矛已洞頸。蓋已陳芻狗，其機已泄，恃勝失備，反受其害。

陝西因洪水下大石塞山澗中，水遂横流爲害。石之大有如屋者，人力不能去，州縣患之。雷簡夫爲縣令，乃使人各於石下穿一穴，度如石大，挽石入穴窖之，水患遂息也。

熙寧中，高麗入貢，所經州縣，悉要地圖，所至皆造送，山川道路，形勢險易，無不備載。至揚州，牒州取地圖，是時丞相陳秀公守揚，紿使者：「欲盡見兩浙所供圖，倣其規模供造。」及圖至，都聚而焚之，具以事聞。

狄青戍涇原日，嘗與虜戰，大勝，追奔數里，虜忽壅遏山踊，知其前必遇險，士卒皆欲奮擊，青遽鳴鉦止之，虜得引去。驗其處，果臨深澗，將佐皆悔不擊。青獨曰：「不然。奔亡之虜，忽止而拒我，安知非謀？軍已大勝，殘寇不足利，得之無所加重。萬一落其術中，存亡不可知。寧悔不擊，不可悔不止。」青後平嶺寇，賊帥儂智高兵敗，奔邕州，其下皆欲窮其窟穴，青亦不從，以爲趨利乘勢入不測之城，非大將事【四】，智高因而獲免。天下皆罪青不入邕州，脱智高於垂死。然青之用兵主勝而已。不求奇功，故未嘗大敗。計功最多，卒爲名將。譬如奕棊，已勝敵可止矣，然猶攻擊不已，往往大敗，此青之所戒也。臨利而能戒，乃青之過人處也。

瓦橋關北與遼人爲鄰，素無關河爲阻。往歲六宅使何承矩守瓦橋【五】，始議因陂澤

【四】非大將事　原作「必有大敗將軍」，據愛盧本、四庫本改。

【五】往歲六宅使何承矩守瓦橋　「六」原作「天」，據愛盧本、四庫本改。

之地瀦水爲塞。欲自相視，恐其謀泄，日會僚佐，汎舡置酒賞蓼花，作《蓼花吟》數十篇，令座客屬和，畫以爲圖，傳至京師，人莫喻其意。自此始壅諸淀。慶曆中，內侍楊懷敏復踵爲之。至熙寧中，又開徐村、柳莊等濼，皆以徐、鮑、沙、唐等河，叫猴、鷄距、五眼等泉爲之原，東合滹沲、漳、淇、易、白等水并大河，於是自保州西北沉遠濼，東盡滄州泥枯海口幾八百里悉爲瀦潦，闊者有及六十里者，至今倚爲藩籬。或謂侵蝕民田，歲失邊粟之入，此殊不然。深、冀、滄、瀛間，惟大河、滹沲、漳水所淤，方爲美田，淤澱不至處悉是斥鹵，不可種藝，異日惟是聚集遊民，刮鹹煑鹽【六】，頗干鹽禁，時爲寇盜，自爲瀦濼，姦鹽遂少，而魚蟹菰葦之利，人亦賴之。

浙帥錢鏐時，宣州叛卒五千餘人送款，錢氏納之，以爲腹心。時羅隱在其幕下，屢諫以謂敵國之人，不可輕信。浙帥不聽。杭州新治城堞，樓櫓甚盛，浙帥携寮客觀之，隱指卻敵，佯不曉曰：「設此何用？」浙帥曰：「君豈不知欲備敵耶？」隱謬曰：「審如是，何不向裏設之？」浙帥大笑曰：「本欲拒敵，設於內何用？」對曰：「以隱所見，正當設于內耳。」蓋指宣卒將爲敵也。後浙帥巡衣錦城，武勇指揮使徐綰、許再思挾宣卒爲亂，火青山鎮，入攻中城，賴城中有備，綰等尋敗，幾於覆國。

淳化中，李繼捧爲定難軍節度使，陰與其弟繼遷謀叛，朝廷遣李繼隆率兵討之。繼隆馳至克胡，度河入延福縣，自鐵茄驛夜入綏州，謀其所向。繼隆欲徑襲夏州，或以謂夏州

【六】刮鹹煑鹽　「刮」原作「乱」，據愛廬本改。

賊帥所在，我兵少，恐不能克，不若先據石堡以觀賊勢。繼隆以爲不然，曰：「我兵既少，若徑入夏州，出其不意，彼亦未能料我衆寡。若先據石堡，衆寡已露，豈復能進？」乃引兵馳入撫寧縣，繼捧猶未知，遂進攻夏州，繼捧狼狽出迎，擒之以歸。撫寧舊治無定河川中，數爲虜所危，繼隆乃遷縣於滴水崖，在舊縣之北十餘里，皆石崖，峭拔十餘丈，下臨無水，今謂之囉瓦城者是也。熙寧中所治撫寧城，乃撫寧舊城耳。本道圖牒皆不載，唯李繼隆《西征記》言之甚詳也。

熙寧中，党項母梁氏引兵犯慶州大順城。慶帥遣别將林廣拒守，虜圍不解。廣使城兵皆以弱弓弩射之，虜度其勢之所及，稍稍近城，乃易强弓勁弩叢射，虜多死，遂相擁而潰。

蘇州至崑山縣凡六十里，皆淺水無陸途，民頗病涉。久欲爲長堤，但蘇州皆澤國，無處求土。嘉祐中，人有獻計，就水中以蘧蒢芻藁爲墻，栽兩行，相去三尺。去墻六丈又爲一墻，亦如此。漉水中淤泥實蘧蒢中，候乾，則以水車畎去兩墻之間舊水，墻間六丈皆土，留其半以爲堤脚，掘其半爲渠，取土以爲堤。每三四里則爲一橋，以通南北之水。不日堤成，至今爲利。

李允則守雄州，北門外民居極多，城中地窄，欲展北城而以遼人通好，恐其生事。門外舊有東嶽行宫，允則以銀爲大香爐，陳於廟中，故不設備。一日，銀爐爲盗所攘，乃大出募賞，所在張榜捕賊甚急。久之不獲，遂聲言廟中屢遭寇，課夫築墻圍之，其實展北城也。不踰旬而就，虜人亦不怪之。則今雄州北關城是也。大都軍中詐謀未必皆奇策，但當時偶能欺敵而成奇功。時人有語云：「用得着，敵人休。用不着，自家羞。」斯言誠然。

陳述古密直知建州浦城縣日，有人失物，捕得莫知的爲盗者。述古乃紿之曰：「某廟有一鍾，能辨盗至靈。」使人迎置後閤祠之，引群囚立鍾前，自陳不爲盗者，摸之則無聲，爲盗者摸之則有聲。述古自率同職禱鍾甚肅，祭訖，以帷圍之，乃陰使人以墨塗鍾，良久，引囚逐一令引手入帷摸之，出乃驗其手，皆有墨，唯有一囚無墨，訊之，遂承爲盗，蓋恐鍾有聲不敢摸也。此亦古之法，出於小説。

熙寧中，濉陽界中發汴堤淤田，汴水暴至，堤防頗壞陷，將毁，人力不可制。都水丞侯叔獻時涖其役，相視其上數十里有一古城，急發汴堤注水入古城中，下流遂涸，急使人治堤陷。次日，古城中水盈，汴流復行，而堤陷已完矣。徐塞古城所決，内外之水，平而不流，瞬息可塞，衆皆伏其機敏。

寶元中，党項犯邊，有明珠族首領驍悍，最爲邊患。种世衡爲將，欲以計擒之。聞其好擊鼓，乃造一馬持戰鼓以銀裹之，極華焕，密使諜者陽賣之，入明珠族。後乃擇驍卒數百人，戒之曰：「凡見負銀鼓自隨者併力擒之。」一日，羌酋負鼓而出，遂爲世衡所擒。又元昊之臣野利常爲謀主，守天都山，號天都大王，與元昊乳母白姥有隙。歲除日，野利引兵巡邊，深涉漢境數宿，白姥乘間乃譖其欲叛，元昊疑之。世衡嘗得蕃酋之子蘇吃曩，厚遇之，聞元昊嘗賜野利寶刀，而吃曩之父得幸于野利。世衡因使吃曩竊野利刀，許之以緣邊職任、錦袍、真金帶。吃曩得刀以還，世衡乃唱言野利已爲白姥譖死，設祭境上，爲祭文，叙歲除日相見之歡。入夜，乃火燒紙錢，川中盡明。虜見火光，引騎近邊窺覘，乃佯委祭具，而銀器凡千餘兩悉棄之。虜人爭取器皿，得元昊所賜刀，及火爐中見祭文已燒盡，但存數十字。元昊得之，又識其所賜刀，遂賜野利死。野利有大功，死不以罪，自此君臣猜貳，以至不能軍。平夏之功，世衡計謀居多，當時人未甚知之。世衡卒，乃録其功，贈觀察使。

卷十四

藝文一

歐陽文忠常愛林逋詩「草泥行郭索，雲木叫鉤輈」之句。文忠以謂語新而屬對親切。鉤輈，鷓鴣聲也。李群玉詩云：「方穿詰曲崎嶇路，又聽鉤輈格磔聲。」郭索，蟹行貌也。楊雄《太玄》曰：「蟹之郭索，用心躁也。」

韓退之集中《羅池神碑銘》有「春與猿吟兮秋與鶴飛」。今驗石刻，乃「春與猿吟兮秋鶴與飛」。古人多用此格，如《楚詞》「吉日兮辰良」，又「蕙肴蒸兮蘭籍，奠桂酒兮椒漿」，蓋欲相錯成文，則語勢矯健耳。杜子美詩「紅稻啄餘鸚鵡粒，碧梧棲老鳳凰枝」，此亦語反而意全。韓退之《雪》詩「舞鏡鸞窺沼，行天馬度橋」，亦効此體，然稍牽强，不若前人之語渾成也。

退之《城南聯句》首句曰「竹影金鎖碎」，所謂金鎖碎者，乃日光耳，非竹影也。若題中有日字，則曰「竹影金鎖碎」可也。

唐人作富貴詩，多紀其奉養器服之盛，乃貧眼所驚耳。如貫休《富貴曲》云「刻成箏柱鴈相挨」，此下里鬻彈者皆有之，何足道哉。又韋楚老《蚊》詩云「十幅紅綃圍夜玉」，十幅紅綃爲帳，方不及四五尺，不知如何伸脚？此所謂「不曾近富兒家」。

詩人以詩主人物，故雖小詩，莫不埏蹂極工而後已。所謂「旬鍛月鍊」者，信非虚言。小説崔護題《城南》詩，其始曰：「去年今日此門中，人面桃花相映紅。人面不知何處去，桃花依舊笑春風。」後以其意未全，語未工，改第三句曰「人面祇今何處在」。至今所傳此兩本，唯《本事》詩作「祇今何處在」。唐人工詩，大率多如此。雖有兩今字不恤也，取語意爲主耳。後人以其有兩今字，只多行前篇。

書之闕誤，有可見於他書者。如《詩》「天夭是椓」，《後漢·蔡邕傳》作「夭夭是加」，與「速速方穀」爲對。又「彼岨矣岐，有夷之行」，《朱浮傳》作「彼岨者岐，有夷之行」。《坊記》：「君子之道，譬則坊焉。」《大戴禮》：「君子之道，譬猶坊焉。」《夬卦》：「君子以施禄及下，居德則忌。」王輔嗣曰：「居德而明禁。」乃以「則」字爲「明」字。

音韻之學，自沈約爲四聲，及天竺梵學入中國，其術漸密。觀古人諧聲有不可解者。如「玖」字「有」字多與「李」字協用，「慶」字「正」字多與「章」字「平」字協用。如《詩》：「或群或友，以燕天子。」「彼留之子，貽我佩玖。」「投我以木李，報之以瓊玖。」「終三十里，十千維耦。」「自今而後，歲其有。君子有穀，貽孫子。」「陟降左右，令聞不已。」「膳夫左右，无不能止。」「魚麗于罶，鰋鯉。君子有酒，旨且有。」如此極多。又如「孝孫有慶，萬壽無疆」。「黍稷稻粱，農夫之慶。」「唯其有章矣，是以有慶矣。」「則篤其慶，載錫之光。」「我田既臧，農夫之慶。」「萬舞洋洋，孝孫有慶。」《易》云：「西南得朋，乃與類行。東北喪朋，乃終有慶。」「積善之家，必有餘慶。積不善之家，必有餘殃。」班固《東都賦》：「彰皇德兮侔周成，永延長兮膺天慶。」如此亦多。今《廣韻》中「慶」一音「卿」。然如《詩》之「未見君子，憂心怲怲。既見君子，庶幾有臧」，「誰秉國成，卒勞百姓。我王不寧，覆怨其正」，亦是「怲」、「正」與「寧」、「平」協用。不止「慶」而已，恐別有理也。

小律詩雖末技，工之不造微，不足以名家，故唐人皆盡一生之業爲之，至於字字皆鍊，得之甚難，但患觀者滅裂則不見其工。故不唯爲之難，知音亦鮮，設有苦心得之者未必爲人所知。若字字是皆無瑕可指，語音亦掞麗【一】，但細論無功【二】，景意縱全，一讀便盡，更无可諷味，此類最易爲人激賞，乃詩之《折揚》、《黄華》也。譬若三館楷書，作字不可謂不精不麗，求其佳處，到死無一筆，此病最難爲醫也。

王聖美治字學，演其義以爲「右文」。古之字書皆從「左文」。凡字，其類在左，其義在右，如水類，其左皆從水。所謂右文者，如「戔」，小也，水之小者曰「淺」，金之小者曰「錢」，歹而小者曰「殘」，貝之小者曰「賤」。如此之類，皆以「戔」爲義也。

王聖美爲縣令時，尚未知名，謁一達官，值其方與客談《孟子》，殊不顧聖美，聖美竊哂其所論。久之，忽顧聖美曰：「嘗讀《孟子》否？」聖美對曰：「生平愛之，但都不曉其

【一】語音亦掞麗　「音」，《類苑》卷三九作「意」。是。

【二】但細論無功　「功」，《類苑》卷三九作「切」。是。

義。」主人問：「不曉何義？」聖美曰：「從頭不曉。」主人曰：「如何從頭不曉，試言之。」聖美曰：「孟子見梁惠王，已不曉此語。」達官深訝之，曰：「此有何奥義？」聖美曰：「既云孟子不見諸侯，因何見梁惠王？」其人愕然無對。

楊大年因奏事論及《比紅兒》詩，大年不能對，甚以爲恨。遍訪《比紅兒》詩，終不可得。忽一日，見鬻故書者有一小編，偶取視之，乃《比紅兒》詩也，自此士大夫始多傳之。予按《摭言》，《比紅兒》詩乃羅虬所爲，凡百篇，蓋當時但傳其詩而不載名氏，大年亦偶忘《摭言》所載。

晚唐士人專以小詩著名，而讀書滅裂。如白樂天《題座隅》詩云「俱化爲餓殍」，作「孚」字押韻。杜牧《杜秋娘》詩云「厭飫不能飴」，飴乃「餳」耳，若作飲食當音「飲」。又陸龜蒙作《藥名》詩云「烏啄蠹根回」，乃是「烏喙」，非「烏啄」也。又「斷續玉琴哀」，藥名止有「續斷」無「斷續」，此類極多。如杜牧《阿房宫賦》，誤用「龍見而雩」事，宇文時斛斯椿已有此繆，蓋牧未嘗讀《周》、《隋書》也。

往歲士人多尚對偶爲文，穆修、張景輩始爲平文，當時謂之「古文」。穆、張嘗同造朝，待旦于東華門外，方論文次，適見有奔馬踐死一犬，二人各記其事以較工拙。穆修曰：「馬逸，有黄犬遇蹄而斃。」張景曰：「有犬死奔馬之下。」時文體新變，二人之語皆拙澁，當時已謂之工，傳之至今。

按《史記·年表》："周平王東遷二年，魯惠公方即位。"則《春秋》當始惠公而始隱，故諸儒之論紛然，乃《春秋》開卷第一義也。唯啖、趙都不解始隱之義，學者常疑之。唯於《纂例》隱公下注八字云："惠公二年，平王東遷。"若爾，則《春秋》自合始隱，更無可論，此啖、趙所以不論也。然與《史記》不同，不知啖、趙得於何書。又嘗見士人石端集一紀年書，考論諸家年統極爲詳密。其叙平王東遷亦在惠公二年。予得之甚喜，亟問石君，云："出一史傳中，遽檢未得。"終未見的。據《史記·年表》注："東遷在平王元年辛未歲。"本紀中都無説，諸侯世家言東遷卻盡在庚午歲，《史記》亦自差謬，莫知其所的。

長安慈恩寺塔有唐人盧宗回一詩，頗佳。唐人諸集中不載，今記于此："東來曉日上翔鸞，西轉蒼龍拂露盤。渭水冷光摇藻井，玉峯晴色墮欄竿。九重宫闕參差見，百二山河表裏觀。暫輟去蓬悲不定，一凭金界望長安。"

古人詩有"風定花猶落"之句，以謂無人能對。王荆公以對"鳥鳴山更幽"。"鳥鳴山更幽"本宋王籍詩，元對："蟬噪林逾静，鳥鳴山更幽。"上下句只是一意。"風定花猶落，鳥鳴山更幽"，則上句乃静中有動，下句動中有静。荆公始爲集句詩，多者至百韻，皆集合前人之句，語意對偶往往親切過於本詩。後人稍稍有倣而爲者。

歐陽文忠嘗言曰："觀人題壁，而可知其文章。"

毗陵郡士人家有一女，姓李氏，方年十六歲，頗能詩，甚有佳句，吴人多得之。有《拾得破錢》詩云：「半輪殘月掩塵埃，依稀猶有開元字。想得清光未破時，買盡人間不平事。」又有《彈琴》詩云：「昔年剛笑卓文君，豈信絲桐解誤身？今日未彈心已亂，此心元自不由人。」雖有情致，乃非女子所宜。

卷十五

藝文二

切韻之學本出于西域。漢人訓字止曰「讀如某字」，未用反切。然古語已有二聲合爲一字者，如「不可」爲「叵」，「何不」爲「盍」，「如是」爲「爾」，「而已」爲「耳」，「之乎」爲「諸」之類，似西域二合之音，蓋切字之原也。如「輭」字文從「而」、「犬」，亦切音也。殆與聲俱生，莫知從來。今切韻之法先類其字，各歸其母。唇音、舌音各八，牙音、喉音各四，齒音十，半齒、半舌音二，凡三十六，分爲五音。天下之聲，總于是矣。每聲復有四等，謂清、次清、濁、平也。如顛、天、田、年，邦、胮、龐、厖之類是也。皆得之自然，非人爲之。如幫字横調之爲五音，幫、當、剛、臧、央是也。幫，宫之清。當，商之清。剛，角之清。臧，徵之清。央，羽之清。縱調之爲四等，幫、滂、傍、茫是也。幫，宫之清。滂，宫之次清。傍，宫之濁。茫，宫之不清不濁。就本音本等調之爲四聲，幫、榜、傍、博是也。幫，宫清之平。榜，宫清之上。傍，宫清之去。博，宫清之入。四等之聲，多有聲無字者，如封、峯、逢止有三字，邕、胸止有兩字，竦、火、欲、以皆止有一字。五音亦然，滂、湯、康、蒼止有四字，四聲則有無聲亦有無字者，如蕭字、肴字，全韻皆無入聲，此皆聲之類也。所謂切韻者，上字爲切，下字爲韻。切須歸本母，韻須歸本等。切歸本母，謂之音和，如「德紅」爲「東」之類。德與東同一母也。字有重、中重、輕、中輕本等聲，盡汎入別等。謂之「類隔」。雖隔等須以其類，謂唇與唇類，齒與齒類。如「武延」爲「綿」，「符兵」爲「平」之類是也。韻歸本等，如「冬」與「東」字母皆屬「端」字，「冬」乃端字中第一等聲，故都宗切，「宗」字第一等韻也。以其歸「精」字，故「精」徵音第一等聲。「東」字乃端字中第三等聲，故德紅切。「紅」字第三等韻也，以其歸「匣」字，故「匣」羽音第三等聲。又有互用借聲，類例頗多。大都自沈約爲四聲，音韻愈密，然梵學則有華、竺之異，南渡之後，又雜以吴音，故音韻庬駁，師法多門。至於所分五音，法亦不一。如樂家所用則隨律命之，本無定音，常以濁者爲宫，稍清爲商，最清爲角，清濁不常爲徵、羽。切韻家則定以唇齒牙舌喉爲宫、商、角、徵、羽。其間又有半徵、半商者，如「來」、「日」二字是也，皆不論清濁。五行家則以韻類清濁參配，今五姓是也。梵學則喉牙齒舌唇之外，又有折、攝二聲。折聲自臍輪起至唇上發，如「㸦」字浮金反。之類是也。「攝」字鼻音【一】，如「歆」字鼻中發之是也【二】。字母則有四十二，曰：阿、多、波、者、那、囉、拖、婆、荼、沙、嚩、哆、也、瑟吒、二合。迦、娑、麽、伽、他、社、鎖、呼、拖、前一拖輕呼，此一拖重呼。奢、佉、乂、二合。娑多、二合。壤、曷、攞多、二合【三】。婆、上聲。車、娑麽、二合。縒、伽、上聲。吒、拏、娑頗、二合。娑迦、二合。也娑、二合。室者、二合。佗、陀。爲法不同，各有理致。雖先王

【一】攝字鼻音　「字」，愛廬本、四庫本作「聲」。

【二】如歆字鼻中發之是也　「歆」原作「歆」，據愛廬本改。

【三】二合　《類苑》四〇作「三合」。

所不言，然不害有此理，歷世浸久，學者日深，自當造微耳。

幽州僧行均集佛書中字爲切韻訓詁，凡十六萬字，分四卷，號《龍龕手鏡》，燕僧智光爲之序，甚有詞辯。契丹重熙二年集。契丹書禁甚嚴，傳入中國者法皆死。熙寧中有人自虜中得之，入傅欽之家，蒲傳正帥浙西，取以鏤板。其序末舊云：「重熙二年五月序。」蒲公削去之。觀其字音韻次序，皆有理法，後世殆不以其爲燕人也。

古人文章，自應律度，未以音韻爲主。自沈約增崇韻學，其論文則曰：「欲使宫、羽相變，低昂殊節，若前有浮聲，則後須切響。一簡之内音韻盡殊，兩句之中輕重悉異。妙達此旨始可言文。」自後浮巧之語，體制漸多。如傍犯【四】、蹉對、蹉，音千過反。假對、雙聲、疊韻之類。詩又有正格、偏格，類例極多，故有三十四格、十九圖、四聲八病之類。今略舉數事，如徐陵云：「陪遊馺娑，騁纖腰於結風；長樂鴛鴦，奏新聲於度曲【五】。」又云：「厭長樂之疎鍾，勞中宫之緩箭。」雖兩長樂，意義不同，不爲重複，此類爲「傍犯」。如《九歌》：「蕙殽蒸兮蘭籍，奠桂酒兮椒漿。」當曰「蒸蕙肴」對「奠桂酒」，今倒用之，謂之「蹉對」。如「自朱耶之狼狽，致赤子之流離」，不唯赤對朱，耶對子，兼狼狽、流離乃獸名對鳥名。又如「厨人具鷄黍，稚子摘楊梅」，以鷄對楊，如此之類皆爲「假對」。如「幾家村草裏，吹唱隔江聞」，「幾家村草」對「吹唱隔江」皆「雙聲」。如「月影侵簪冷，江光逼履清」。侵簪、逼履皆「疊韻」。詩第二字側入謂之「正格」，如「鳳曆軒轅紀，龍飛四十春」

【四】如傍犯　「犯」原脱，據愛廬本、四庫本補。

【五】奏新聲於度曲　「新」原作「後」，據《類苑》卷三九、徐陵《玉臺新詠》序、《總龜》卷六改。

之類。第二字平入謂之「偏格」，如「四更山吐月，殘夜水明樓」之類。唐名賢輩詩多用正格，如杜甫律詩用偏格者十無一二。

文潞公保洛日，年七十八。同時有中散大夫程晌、朝議大夫司馬旦、司封郎中致仕席汝言，皆年七十八。嘗爲「同甲會」，各賦詩一首。潞公詩曰：「四人三百十二歲，况是同生丙午年。招得梁園爲賦客，合成商嶺採芝仙。清談亹亹風盈席，素髮飄飄雪滿肩。此會從來誠未有，洛中應作畫圖傳。」

晚唐五代間，士人作賦，用事亦有甚工者。如江文蔚《天窗賦》：「一竅初啓，如鑿開混沌之時；兩瓦欻飛，類化作鴛鴦之後。」又《土牛賦》：「飲渚俄臨，訝盟津之捧塞；度關儻許，疑函谷之丸封。」

河中府鸛雀樓三層，前瞻中條，下瞰大河。唐人留詩者甚多。唯李益、王之奐【六】、暢諸三篇能狀其景。李益詩曰：「鸛雀樓西百尺墻，汀洲雲樹共茫茫。漢家簫鼓隨流水，魏國山河半夕陽。事去千年猶恨速，愁來一日即知長。風煙并在思歸處，遠目非春亦自傷。」王之奐詩曰：「白日依山盡，黄河入海流。欲窮千里目，更上一層樓。」暢諸詩曰：「迥臨飛鳥上，高出世塵間。天勢圍平野，河流入断山。」

慶曆中，予在金陵，有饔人以一方石鎮肉，視之若有鎸刻。試取石洗濯，乃宋海陵王墓銘，謝朓撰并書，其字如鍾繇，極可愛。予携之十餘年，文思副使夏元昭借去，遂託以墜

【六】王之奐　「之」原作「文」，據四庫本、《類苑》卷三八改，下同。

水，今不知落何處。此銘胑集中不載，今録于此。「中樞誕聖，膺曆受命，於穆二祖，天臨海鏡。顯允世宗，温文著性，三善有聲，四國無競。嗣德方衰，時唯介弟，景祚云及，多難攸啓。載驟軨獵，高闢代邸，庶辟欣欣，威儀濟濟。亦既負扆，言觀帝則，正位恭己，臨朝淵嘿。虔思寶締，負荷非克，敬順天人，高遜明德。西光已謝，東旭又良【七】，龍纛夕儼【八】，葆挽晨鏘。風摇草色，日照松光，春秋非我，晚夜何長。」

棗與棘相類，皆有刺，棗獨生，高而少横枝，棘列生，痺而成林，以此爲别。其文皆從朿，音刺，木芒刺也。朿而相戴立生者棗也，朿而相比横生者棘也。不識二物者觀文可辨。

金陵人胡恢博物强記，善篆隸，臧否人物，坐法失官十餘年，潦倒貧困。赴選集于京師，是時韓魏公當國，恢獻小詩自達，其一聯曰：「建業關山千里遠，長安風雪一家寒。」魏公深憐之，令篆太學石經，因此得復官。任華州推官而卒。

熙寧六年，有司言日當蝕四月朔，上爲徹膳、避正殿。一夕微雨，明日，不見日蝕，百官入賀。是日有皇子之慶，蔡子正爲樞密副使，獻詩一首，前四句曰：「昨夜薰風入舜韶，君王未御正衙朝。陽輝已得前星助，陰沴潛隨夜雨消。」其叙四月一日避殿，皇子慶誕，雲陰不見日蝕，四句盡之，當時無能過之者。

歐陽文忠好推挽後學，王向少時爲三班奉職，幹當滁州一鎮，時文忠守滁州。有書生

【七】東旭又良　「旭」，原作「龜」，據愛盧本、四庫本改。
【八】龍纛夕儼　「儼」，愛盧本作「儷」。

爲學子不行束脩，自往詣之，學子閉門不接，書生訟于向。向判其牒曰：「禮聞來學，不聞往教。先生既已自屈，弟子寧不少高。盍二物以收威，豈兩辭而造獄。」書生不直向判，徑持牒以見歐公。公一閱，大稱其才，遂爲之延譽獎進，成就美名，卒爲聞人。

卷十六

藝文三

士人劉克博觀異書。杜甫詩有：「家家養烏鬼，頓頓食黄魚。」世之説者，皆謂夔、峽間至今有鬼户，乃夷人也，其主謂之「鬼主」，然不聞有烏鬼之説。又鬼户者，夷人所稱，又非人家所養。克乃按《夔州圖經》，稱峽中人謂鸕鷀爲「烏鬼」。蜀人臨水居者皆養鸕鷀，繩繫其頸，使之捕魚，得魚則倒提出之，至今如此。予在蜀中，見人家養鸕鷀使捕魚，信然，但不知謂之「烏鬼」耳。

和魯公凝有艷詞一編，名《香奩集》。凝後貴，乃嫁其名爲韓偓，今世傳韓偓《香奩集》，乃凝所爲也。凝生平著述分爲《演綸》、《游藝》、《孝悌》、《疑獄》、《香奩》、《籯金》六集。自爲《游藝集序》云：「予有《香奩》、《籯金》二集，不行於世。」凝在政府，避議論，諱其名，又欲後人知，故於《游藝集序》實之，此凝之意也。予在秀州，其曾孫和惇家藏諸書，皆魯公舊物，末有印記甚完。

蜀人魏野，隱居不仕宦，善爲詩，以詩著名，卜居陝州東門之外。有《陝州平陸縣》詩云：「寒食花藏縣，重陽菊遶灣。一聲離岸櫓，數點别州山。」最爲警句。所居頗蕭灑，當世顯人多與之游，寇忠愍尤愛之。嘗有《贈忠愍》詩云：「好向上天辭富貴，卻來平地作神仙。」後忠愍鎮北都，召野置門下。北都有妓女美色，而舉止生梗，士人謂之「生張八」。因府會，忠愍令乞詩于野，野贈之詩曰：「君爲北道生張八，我是西州熟魏三。莫怪尊前無笑語，半生半熟未相諳。」吴正憲《憶陝郊》詩曰：「南郭迎天使，東郊訪隱人。」隱人謂野也。野死，有子閑，亦有清名，今尚居陝中。

卷十七

書畫

藏書畫者多取空名，偶傳爲鍾、王、顧、陸之筆，見者爭售，此所謂「耳鑒」。又有觀畫而以手摸之，相傳以謂色不隱指者爲佳畫，此又在耳鑒之下，謂之「揣骨聽聲」。

歐陽公嘗得一古畫牡丹叢，其下有一猫，未知其精粗。丞相正肅吴公與歐公姻家，一見曰：「此正午牡丹也。何以明之？其花披哆而色燥，此日中時花也，猫眼黑睛如線，此正午猫眼也。有帶露花則房斂而色澤。猫眼早暮則睛圓，日漸中狹長，正午則如一線耳。」此亦善求古人筆意也。

相國寺舊畫壁乃高益之筆，有畫衆工奏樂一堵最有意。人多病擁琵琶者誤撥下絃，衆管皆發四字，琵琶四字在上絃，此撥乃掩下絃，誤也。予以謂非誤也。蓋管以發指爲聲，琵琶以撥過爲聲，此撥掩下絃則聲在上絃也。益之布置尚能如此，其心匠可知。

書畫之妙當以神會，難可以形器求也。世之觀畫者多能指摘其間形象位置，彩色瑕疵而已，至於奥理冥造者罕見其人。如彦遠《畫評》言「王維畫物，多不問四時，如畫花，往往以桃、杏、芙蓉、蓮花同畫一景。」予家所藏摩詰畫《袁安卧雪圖》有雪中芭蕉，此乃得心應手，意到便成，故造理入神，迥得天意，此難可與俗人論也。謝赫云：「衛協之畫，雖不該備形妙【一】，而有氣韻凌跨群雄，曠代絶筆。」又歐文忠《盤車圖》詩云：「古畫畫意不畫形，梅詩詠物無隱情。忘形得意知者寡，不若見詩如見畫。」此真爲識畫也。

王仲至閲吾家畫，最愛王維畫《黄梅出山圖》，蓋其所圖黄梅、曹溪二人，氣韻神檢，皆如其爲人。讀二人事跡，還觀所畫，可以想見其人。

《國史譜》言：「客有以《按樂圖》示王維，維曰：『此《霓裳》第三疊第一拍也。』客未然。引工按曲乃信。」此好奇者爲之。凡畫奏樂，止能畫一聲，不過金石管絃同用一字耳，何曲無此聲，豈獨《霓裳》第三疊第一拍也？或疑舞節及他舉動拍法中别有奇聲可驗，此亦不然。《霓裳曲》凡十三疊，前六疊無拍，至第七疊方謂之「疊遍」，自此始有拍而舞作，故白樂天詩云：「中序擘騞初入拍。」中序，即第七疊也。第三疊安得有拍？但言「第三疊第一拍」，即知其妄也。或説嘗有人觀畫《彈琴圖》曰：「此彈《廣陵散》也。」此或可信。《廣陵散》中有數聲，他曲皆無，如撥攦聲之類是也。

畫牛虎皆畫毛，惟馬不畫。予嘗以問畫工，工言：「馬毛細，不可畫。」予難之曰：「鼠毛更細，何故卻畫？」工不能對。大凡畫馬其大不過尺，此乃以大爲小，所以毛細而不可畫，鼠乃如其大，自當畫毛。然牛虎亦是以大爲小，理亦不應見毛，但牛虎深毛，

【一】雖不該備形妙　「該」原作「詃」，據愛廬本、四庫本改。

馬淺毛，理須有別。故名輩爲小牛小虎雖畫毛，但略拂拭而已。若務詳密，翲成冗長。約略拂拭，自有神觀，迥然生動，難可與俗人論也。若畫馬如牛虎之大者，理當畫毛，蓋見小馬無毛，遂亦不法，此庸人襲迹，非可與論理也。又李成畫山上亭館及樓塔之類，皆仰畫飛簷。其說以謂「自下望上，如人平地望塔簷間，見其榱桷」，此論非也。大都山水之法，蓋以大觀小，如人觀假山耳。若同真山之法，以下望上，只合見一重山，豈可重重悉見，兼不應見其谿谷間事。又如屋舍，亦不應見其中庭及後巷中事。若人在東立，則山西便合是遠境；人在西立，則山東卻合是遠境。似此如何成畫？李君蓋不知以大觀小之法，其間折高折遠，自有妙理，豈在掀屋角也？

畫工畫佛身光有匾圓如扇者，身側則光亦側，此大謬也。渠但見雕木佛耳，不知此光常圓也。又有畫行佛光尾向後，謂之「順風光」，此亦謬也。佛光乃定果之光，雖刼風不可動，豈常風能摇哉。

古文「己」字，從一從亡，此乃通貫天、地、人，與王字義同。中則爲王，或左或右則爲己。僧肇曰：「會萬物爲一己者，其惟聖人乎？」子曰：「下學而上達。」人不能至於此，皆自成之也【二】。得己之全者如此。

度支員外郎宋迪工畫，尤善爲平遠山水。其得意者有《平沙鴈落》、《遠浦帆歸》、《山市晴嵐》、《江天暮雪》、《洞庭秋月》、《瀟湘夜雨》、《煙寺晚鐘》、《漁村落照》，謂之八景，

【二】皆自成之也　「成」，愛廬本作「域」。

好事者多傳之。往歲小窰村陳用之善畫，迪見其畫山水，謂用之曰：「汝畫信工，但少天趣。」用之深伏其言，曰：「常患其不及古人者，正在於此。」迪曰：「此不難耳，汝先當求一敗墻，張絹素訖，倚之敗墻之上，朝夕觀之。觀之既久，隔素見敗墻之上，高平曲折，皆成山水之象。心存目想，高者爲山，下者爲水，坎者爲谷，缺者爲澗，顯者爲近，晦者爲遠，神領意造，恍然見其有人禽草木飛動往來之象，了然在目，則隨意命筆，默以神會，自然境皆天就，不類人爲，是謂『活筆』。」用之自此畫格進。

古文自變隸，其法已錯亂，後轉爲楷字，愈益訛舛，殆不可考。如言有口爲吳，無口爲天。按字書，吳字本從口從矢，音捩【三】。非天字也。此固近世謬從楷法言之。至如兩漢篆文尚未廢，亦有可疑者，如漢武帝以隱語召東方朔云：「先生來來。」解云：「來來，棗也。」按：棗字從朿音刺。不從來【四】。此或是後人所傳，非當時語。如「卯金刀爲劉，貨泉爲白水真人【五】。」此則出於緯書，乃漢人之語。按劉字從丣音酉。從金，如桺、駵、畱，從丣，非卯字也。貨從貝【六】，真乃從具【七】，亦非一法，不知緣何如此【八】？字書與本史所記【九】，必有一誤也。

唐韓偓爲詩極清麗，有手寫詩百餘篇，在其四世孫奕處。偓，天復中避地泉州之南安縣，子孫遂家焉。慶曆中，予過南安，見奕出其手集，字極淳勁可愛。後數年，奕詣闕獻之【一〇】，而以忠臣之後得司士參軍，終于殿中丞。又予在京師，見偓《送晉光上人》詩亦

【三】音捩　「捩」，愛盧本作「挨」。

【四】棗字從朿不從來　「字」原作「定」，據愛盧本、四庫本改。

【五】貨泉爲白水真人　「白水」原作「泉」，據愛盧本、四庫本改。

【六】貨從貝　「貝」原作「具」，據愛盧本、四庫本改。

【七】真乃從具　「具」原作「真」，據愛盧本、四庫本改。

【八】不知緣何如此　「何」原脱，據愛盧本補。

【九】字書與本史所記　「本」原作「今」，據愛盧本、四庫本改。

【一〇】奕詣闕獻之　「闕」原脱，據愛盧本、四庫本補。

墨跡也，與此無異。

江南徐鉉善小篆，映日視之，畫之中心有一縷濃墨正當其中，至于屈折處亦當中，無有偏側處，乃筆鋒直下不倒側，故鋒常在畫中，此用筆之法也。鉉嘗自謂，吾晚年始得竵匾之法，凡小篆喜瘦而長，竵匾之法，非老筆不能也。

《名畫録》：「吴道子嘗畫佛，留其圓光，當大會中，對萬衆舉手一揮，圓中運規，觀者莫不驚呼。」畫家爲之自有法，但以肩倚壁，盡臂揮之，自然中規。其筆畫之粗細，則以一指拒壁以爲準，自然均匀，此無足奇。道子妙處不在於此，徒驚俗眼耳。

晉宋人墨迹，多是弔喪問疾書簡。唐貞觀中，購求前世墨迹甚嚴，非弔喪問疾書迹，皆入内府。十大夫家所存皆當日朝廷所不取者，所以流傳至今。

鯉魚當脇一行三十六鱗，鱗有黑文如十字，故謂之鯉，文從魚里者，三百六十也。然井田法即以三百步爲一里，恐四代之法容有不相襲者。

國初，江南布衣徐熙，僞蜀翰林待詔黄筌，皆以善畫著名，尤長於畫花竹。蜀平，黄筌并二子居寶、居實【一一】，弟惟亮皆隸翰林圖畫院，擅名一時。其後江南平，徐熙至京師，送圖畫院品其畫格，諸黄畫花妙在賦色，用筆極新細，殆不見墨迹，但以輕色染成，謂之「寫生」。徐熙以墨筆畫之，殊草草，畧施丹粉而已，神氣迥出，別有生動之意。筌惡其軋已，言其畫粗惡不入格【一二】，罷之。熙之子乃効諸黄之格，更不用墨筆，直以彩色圖之，

【一一】黄筌并二子居寶居實　「二子」、「居實」原空缺，據愛廬本補。

【一二】言其畫粗惡不入格　「言」原作「有」，「畫」原脱，據愛廬本改補。

謂之「没骨圖」，工與諸黄不相下。筌等不復能瑕疵，遂得齒院品，其氣韻皆不及熙遠甚。

予從子遼喜學書，嘗論曰：「書之神韻雖得之於心，然法度必資講學。常患世之作字分制無法。凡字有兩字三四字合爲一字者，須字字可拆。若筆畫多寡相近者，須令大小均停。所謂筆畫相近，如殺字乃四字合爲一，當使乂、木、几、又四者小大皆均。如尗字乃二字合，當使上與小二者大小長短皆均。若筆畫多寡相遠，即不可强牽使停。寡在左則取上齊，寡在右則取下齊。如從口從金，唫即取上齊，釦則取下齊。如從尗從又，及從口從胃三字合者，多寡不同，則叔當取下齊，喟當取上齊，如此之類，不可不知。」又曰：「運筆之時，常使意在筆前，此古人之良法也。」

王羲之書，舊傳惟《樂毅論》乃羲之親書于石，其他皆紙素所傳。唐太宗裒聚二王墨跡，惟《樂毅論》石本。其後隨太宗入昭陵。朱梁時，耀州節度使温韜發昭陵得之，復傳人間，或曰：「公主以僞本易之，元不曾入壙。」本朝入高紳學士家。皇祐中，紳之子高安世爲錢塘主簿，《樂毅論》在其家，予嘗見之。時石已破缺，末後獨有一海字者是也。其家後十餘年，安世在蘇州，石已破爲數片，以鐵束之。後安世死，石不知所在。或云：「蘇州一富家得之。」亦不復見，今傳《樂毅論》皆摹本也，筆畫無復昔之清勁。羲之小楷字於此殆絶，《遺教經》之類皆非其比也。

王鉷據陜州，集天下良工畫聖壽寺壁，爲一時妙絶。畫工凡十八人皆殺之，同爲一坎，葬于寺西廂【一三】，使天下不復有此筆，其不道如此。至今尚有十堵餘，其間西廊「迎佛舍利」、東院「佛母」壁最奇妙，神彩皆欲飛動。又有「鬼母」、「瘦佛」二壁差次。其餘亦不甚過人。

江南中主時，有北苑使董源善畫，尤工秋嵐遠景，多寫江南真山，不爲奇峭之筆。其後建業僧巨然祖述源法，皆臻妙理。大體源及巨然畫筆，皆宜遠觀。其用筆甚草草，近視之幾不類物象，遠觀則景物粲然，幽情遠思，如覩異境。如源畫《落照圖》，近視無功，遠觀村落杳然深遠，悉是晚景，遠峯之頂，宛有反照之色，此妙處也。

【一三】葬于寺西廂　「葬」，愛廬本、四庫本作「瘞」。

卷十八

技藝

賈魏公爲相日，有方士姓許，對人未嘗稱名，無貴賤皆稱我，時人謂之「許我」。言談頗有可採，然傲誕，視公卿蔑如也。公欲見，使人邀召數四，卒不至。又使門人苦邀致之，許騎驢徑欲造丞相廳事，門吏止之不可。吏曰：「此丞相廳門，雖丞郎亦須下。」許曰：「我無所求於丞相，丞相召我來，若如此，但須我去耳。」不下驢而去。門吏急追之不還，以白丞相。魏公又使人謝而召之，終不至。公歎曰：「許市井人耳，惟其無所求於人，尚不可以勢屈，况其以道義自任者乎。」

營舍之法，謂之《木經》，或云喻皓所撰。凡屋有三分，去聲。自梁以上爲上分，地以上爲中分，階爲下分。凡梁長幾何，則配極幾何以爲榱等。如梁長八尺，配極三尺五寸，則廳法堂也，此謂之「上分」。楹若干尺，則配堂基若干尺以爲榱等。若楹一丈一尺，則階基四尺五寸之類。以至承栱榱桷皆有定法，謂之「中分」。階級有峻、平、慢三等。宮中則以御輦爲法，凡自下而登，前竿垂盡臂，後竿展盡臂爲「峻道」，荷輦十二人。前二人曰前竿，次二人曰前條【一】，又次曰前脅【二】。後二人曰後脅【三】，又後曰後條，末後曰後竿。輦前隊長一人曰傳唱，後一人曰報賽。前竿平肘，後竿平肩，爲「慢道」，前竿垂手，後竿平肩，爲「平道」，此之爲「下分」。其書三卷。近歲土木之工益爲嚴善，舊《木經》多不用，未有人重爲之，亦良工之一業也。

審方面勢，覆量高深遠近，筭家謂之「專術」。專文象形，如繩木所用墨斗也。求星辰之行，步氣朔消長，謂之「綴術」。謂不可以形察，但以筭數綴之而已。北齊祖亘有《綴術》二卷。

筭數求積尺之法【四】，如芻萌、芻童、方池、冥谷、塹堵、鱉臑、圜錐、陽馬之類，物形備矣，獨未有「隙積」一術。古法，凡筭方積之物有立方，謂六幂皆方者，其法再自乘則得之。有塹堵，謂如土墻者兩邊殺，兩頭齊，其法併上下廣折半以爲之廣，以直高乘之，又以直高爲句，以上廣減下廣餘者爲股，句股乘弦，以爲斜高。有芻童，謂如覆斗者四面皆殺，其法倍上長加入下長，以上廣乘之，倍下長加入上長，以下廣乘之，併二位法，以高乘之，六而一。隙積者，謂積之有隙者，如累棊層壇，及酒家積罌之類，雖似覆斗，四面皆殺，緣有刻缺及虛隙之處，用芻童法求之，常失於數少。予思而得之，用芻童法爲上行、下行，別列下廣，以上廣減之，餘者以高乘之，六而一，併入上行。假令積罌，最上行縱廣各二罌【五】，最下行各十二，行行罌相次【六】，先以上二行相次，率至十二，當十一行也。以芻童法求之，倍上行長得四，併入下長得十六，

【一】次二人曰前條　「次」原作「女」，據愛盧本、四庫本改。

【二】又次曰前脅　「脅」原作「會」，據愛盧本、四庫本改。

【三】後二人曰後脅　「二」原作「三」，據愛盧本、四庫本改。

【四】筭數求積尺之法　「數」，愛盧本、四庫本作「術」。

【五】最上行縱廣各二罌　「行」原作「無」，據愛盧本、四庫本改。

【六】最下行各十二行行罌相次　愛盧本、四庫本作「最下行各十二罌，行行相次」。

以上廣乘之，得之三十二【七】，又倍下二長得十六【八】，併入上長，得四十六，以下廣乘之，得三百一十二，併二倍得三百四十四，以高乘之，得二千七百八十四，重列下廣十二，以上廣減之餘十，以高乘之，則一百一十，併入上行者三千八百九十四，六而一，得六百四十九，此爲罌數也。芻童求見實方之積，隙積求見合角不盡益出羨積也。履畝之法，方圓曲直盡矣，未有會圓之術。凡圓田，既能拆之，須使會之復圓。古法惟以中破圓法拆之，其失有及三倍者。予別無拆會之術，置圓田，徑半之以爲弦，又以半徑減去所割數，餘者爲股，各自乘，以股除弦，餘者開方除爲勾，倍之爲割田之直徑，以所割之數自乘，退一位倍之，又以圓徑除所得，加入直徑爲割田之弧，再割亦如之，減去已割之數，則再割之數也。假令有圓田徑十步，欲割二步，以半徑爲弦，五步自乘得二十五，又以半徑減去所割二步，餘三步爲股，自乘得九，用減弦外有十六開平方，除得四步爲勾，倍之爲所割直徑，以所割之數二步自乘爲四，倍之得爲八，退上一倍爲四尺，以圓徑除今圓徑十，已足盈數，無可除，只用四尺加入直徑，爲所割之弧，凡得圓徑八步四尺也。再割亦依此法，如圓徑二十步求弧數，則當折半，乃所謂以圓徑除之也。此二類皆造微之術，古書所不到者，漫志于此。

蹙融，或謂之蹙戎，《漢書》謂之「格五」。雖止用數棊共行一道，亦有能否。徐德占善移，遂至無敵。其法己常欲有餘裕而致敵人於嶮【九】。雖知其術止如是，然卒莫能勝之。

予伯兄善射，自能爲弓。其弓有六善：一者性體少而勁，二者和而有力，三者久射力不屈，四者寒暑力一，五者絃聲清實，六者一張便正。凡弓性體少則易張而壽，但患其

【七】得之三十二　「三」原作「二」，據愛盧本、四庫本改。

【八】又倍下二長得十六　「又」原作「人」，據愛盧本、四庫本改。

【九】其法己常欲有餘裕而致敵人於嶮　《類苑》卷五二「己」前有「以」字。

不勁。欲其勁者，妙在治筋，凡筋生長一尺，乾則減半，以膠湯濡而極之【一〇】，復長一尺，然後用，則筋力已盡，無復伸弛。又揉其材令仰，然後傅角與筋，此兩法所以爲筋也。凡弓節短則和而虛，虛，謂挽過吻則無力。節長則健而柱，柱，謂挽過吻則木強而不來【一一】。節，謂把梢裨木，長則柱，短則虛。節得中則和而有力，仍絃聲清實。凡弓初射與天寒，則勁強而難挽，射久天暑，則弱而不勝矢，此膠之爲病也【一二】。凡膠欲薄而筋力盡，強弱任筋而不任膠，此所以射久力不屈，寒暑力一也。弓所以爲正者，材也。相材之法視其理，其理不因矯揉而直中繩，則張而不跛。此弓人之所當知也。

小說唐僧一行曾筭棊局都數，凡若干局盡之。予嘗思之，此固易耳，但數多，非世間名數可能言之。今略舉大數。凡方二路，用四子，可變八千十一局。方三路，用九子，可變一萬九千六百八十三局。方四路，用十六子，可變四千三百四萬六千七百二十一局【一三】。方五路，用二十五子，可變八千四百七十二億八千八百六十萬九千四百四十三局，古法十萬爲億，十億爲兆，萬兆爲稊。筭家以萬萬爲億，萬萬億爲兆，萬萬兆爲垓【一四】。今但以筭家數計之。方六路，用三十六子，可變十五兆九十四萬六千三百五十二億八千二百三萬一千九百二十六局。方七路以上，數多無名可記。盡三百六十一路，大約連書萬字五十二，即是局之大數。萬字五十二，最下萬字是萬局【一五】，第二是萬萬局，第三是萬億局，第四是一兆局，第五是萬兆局，第六是萬萬兆【一六】，謂之一垓，第七是垓局，第八是萬萬垓，第九是萬億萬萬垓。此外無名可紀。但五十二次萬倍乘之即是

【一〇】以膠湯濡而極之　「極」，《類苑》卷五二作「梳」。是。

【一一】謂挽過吻則木強而不來　「吻」原作「咳」，據愛廬本、四庫本改。

【一二】此膠之爲病也　「此」原作「則」，據愛廬本、四庫本改。

【一三】可變四千三百四萬六千七百二十一局　後「千」原作「十」，「一」原空缺，據愛廬本、四庫本改補。

【一四】萬萬兆爲垓　「垓」原作「㧡」，據愛廬本、四庫本改。

【一五】最下萬字是萬局　「萬」原作「藥」，據愛廬本、四庫本改。

都大數【一七】，零中數不與。其法初一路可變三局，一黑一白一空。自後不以橫直，但增一子，即三因之，凡三百六十一增，皆三因之，即是都局數。又法，先計循邊一行爲法，凡十九路得一十億六千二百二十六萬一千四百六十七局。凡加一行，即以法累乘之，乘終十九行，亦得上數。又法，以自法相乘，得一百三十五兆八百五十一萬七千一百七十四億四千八百二十八萬七千三百三十四局，此是兩行凡三十八路變得此數也。下位副置之，以下乘上，又以下乘下，置爲上位，又副置之，以下乘上，以下乘下，加一法，亦得上數。有數法可求，唯此法最徑捷。只五次乘便盡三百六十一路。千變萬化，不出此數，棊之局盡矣。

《西京雜記》云：「漢元帝好蹴踘【一八】，以蹴踘爲勞，求相類而不勞者，遂爲彈棊之戲。」予觀彈棊絶不類蹴踘，頗與擊踘相近，疑是傳寫誤耳。唐薛嵩好蹴踘，劉鋼勸止之曰【一九】：「爲樂甚衆，何必乘危邀頃刻之懽？」此亦擊踘，《唐書》誤述爲蹴踘。彈棊今人罕爲之，有譜一卷，盡唐人所爲【二〇】。其局方二尺，中心高如覆盂，其巔爲小壺，四角微隆起。今大名開元寺佛殿上有一石局，亦唐時物也。李商隱詩曰：「玉作彈棊局，中心最不平。」謂其中高也。白樂天詩：「彈棊局上事，最妙是長斜。」長斜謂抹角斜彈，一發過半局。今譜中具有此法。柳子厚叙棊用二十四棊者，即此戲也。《漢書注》云：「兩人對局，白黑子各六枚。」與子厚所記小異。如奕棊，古局用十七道，合二百八十九道，黑白棊各百五十，亦與後世法不同。

【一六】第六是萬萬兆　「萬萬」原作「萬二」，據愛盧本、四庫本改。

【一七】但五十二次萬倍乘之即是都大數　「倍」原作「億」，據愛盧本、四庫本改。

【一八】漢元帝好蹴踘　「好」，愛盧本、四庫本作「造」。

【一九】劉鋼勸止之曰　「勸」原空缺，據愛盧本、四庫本補。

【二〇】盡唐人所爲　「盡」，愛盧本、四庫本作「蓋」。

筭術多門，如求一、上驅、搭因、重因之類。皆不離乘除，唯增成一法【二二】，稍異其術，都不用乘除，但補虧就盈而已。假如欲九除者，增一便是，八除者，增二便是。但一位一因之。若位數少則頗簡捷，位數多則愈繁。不若乘除之有常。然筭術不患多學，見簡即用，見繁即變，不膠一法乃爲通術也。

板印書籍，唐人尚未盛爲之。自馮瀛王始印《五經》，已後典籍皆爲板本。慶曆中，有布衣畢昇，又爲活板。其法用膠泥刻字，薄如錢唇，每字爲一印，火燒令堅。先設一鐵板，其上以松脂臘和紙灰之類冒之，欲印則以一鐵範置鐵板上，乃密布字印。滿鐵範爲一板，持就火煬之，藥稍鎔則以一平板按其面，則字平如砥。若止印三二本，未爲簡易，若印數十百千本，則極爲神速。常作二鐵板，一板印刷，一板已自布字，此印者纔畢，則第二板已具，更互用之，瞬息可就。每一字皆有數印，如「之」、「也」等字，每字有二十餘印，以備一板内有重複者。不用則以紙帖之，每韻爲一貼，木格貯之。有奇字素無備者，旋刻之，以草火燒，瞬息可成。不以木爲之者，文理有疎密，沾水則高下不平，兼與藥相粘，不可取，不若燔土，用訖再火令藥鎔，以手拂之，其印自落，殊不沾污。昇死，其印爲予群從所得，至今保藏【二三】。

淮南人衛朴精於曆術，一行之流也。《春秋》日蝕三十六，諸曆通驗，密者不過得二十六七，唯一行得二十九。朴乃得三十五，唯莊公十八年一蝕，今古筭皆不入蝕法，疑前

【二二】唯增成一法　「成」，《類苑》卷五二作「減」。是。

【二三】至今保藏　「保」，愛廬本作「寳」。

史誤耳。自夏仲康五年癸巳歲至熙寧六年癸丑，凡三千二百一年，書傳所載日食凡四百七十五，衆曆考驗雖各有得失，而朴所得爲多。朴能不用筭推古今日月蝕，但口誦乘除，不差一筭。凡「大曆」悉是筭數，令人就耳一讀即能暗誦，「傍通曆」則縱横誦之。嘗令人寫曆書，寫訖，令附耳讀之，有差一筭者，讀至其處則曰：「此誤某字。」其精如此。大乘除皆不下，照位運籌如飛，人眼不能逐。人有故移其一筭者，朴自上至下手循一遍，至移筭處則撥正而去。熙寧中，撰《奉元曆》，以無候簿未能盡其術。自言得六七而已，然已密於他曆。

醫用艾一灼謂之「一壯」者，以壯人爲法。其言若干壯，壯人當依此數，老幼羸弱，量力減之。

四人分曹共圍棊者，有術可令必勝。以我曹不能者立于彼曹能者之上，令但求急，先攻其必應，則彼曹能者爲其所制，不暇恤局，則常以我曹能者當彼不能者。此虞卿鬭馬術也。

西戎用羊卜謂之「跋焦」，卜師謂之「厮乩」。必定反。以艾灼羊髀骨，視其兆，謂之「死跋焦」。其法，兆之上爲神明，近脊處爲坐位，坐位者主位也。近傍處爲客位，蓋西戎之俗，所居正寢，常留中一間以奉鬼神，不敢居之，謂之「神明」，主人乃坐其傍。以此占主客勝負。又有先呪粟以食羊，羊食其粟則自摇其首，乃殺羊視其五藏，謂之「生跋焦」。

其言極有驗，委細之事皆能言之。生跋焦，土人尤神之。

錢氏據兩浙時，於杭州梵天寺建一木塔，方兩三級，錢帥登之，患其塔動。匠師云：「未布瓦，上輕，故如此。」方以瓦布之【二三】，而動如初，無可奈何。密使其妻見喻皓之妻，貽以金釵【二四】，問塔動之因，皓笑曰：「此易耳，但逐層布板訖，便實釘之，則不動矣。」匠師如其言，塔遂定。蓋釘板上下彌束，六幕相聯，如胠篋，人履其板，六幕相持，自不能動。人皆伏其精練。

醫者所論人鬚髮眉雖皆毛類，而所主五藏各異。故有老而鬚白眉髮不白者，或髮白而鬚眉不白者，臟氣有所偏故也。大率髮屬於心，禀火氣，故上生。鬚屬腎，禀水氣，故下生。眉屬肝，故側生。男子腎氣外行，上爲鬚，下爲勢，故女子、宦人無勢，則亦無鬚，而眉髮無異於男子，則知不屬腎也。

醫之爲術，苟非得之於心而恃書以爲用者，未見能臻其妙。如朮能動鍾乳，按《乳石論》曰：「服鍾乳當終身忌朮。」五石諸散用鍾乳爲主，復用朮，理極相反，不知何謂。予以問老醫，皆莫能言其義。按《乳石論》云：「石性雖温而體本沉重，必待其相蒸薄然後發。」如此則服石多者勢自能相蒸，若更以藥觸之，其發必甚。五石散雜以衆藥，用石殊少，勢不能蒸，須藉外物激之令發耳。如火少必因風氣所鼓而後發，火盛則鼓之反爲害，此自然之理也。故孫思邈云：「五石散大猛毒。寧食野葛，不服五石。遇此方即須焚

【二三】方以瓦布之　「方」，愛盧本、四庫本作「乃」。

【二四】貽以金釵　「貽」，愛盧本、四庫本作「賂」。

之，勿爲含生之害。」又曰：「人不服石，庶事不佳。石在身中，萬事休泰。唯不可服五石散。」蓋以五石散聚其所惡，激而用之其發暴故也。古人處方大體如此，非此書所能盡也。況方書仍多僞雜，如《神農本草》，最爲舊書，其間差誤尤多，醫不可以不知也。

予一族子舊服芎藭，醫鄭叔熊見之云：「芎藭不可久服，多令人暴死。」後族子果無疾而卒。又予姻家朝士張子通之妻，因病腦風，服芎藭甚久，亦一旦暴亡。皆予目見者。又予嘗苦腰重，久坐則旅距十餘步然後能行，有一將佐見予曰：「得無用苦參潔齒否？」予時以病齒用苦參數年矣。曰：「此病由也。苦參入齒，其氣傷腎，能使人腰重。」後有太常少卿舒昭亮用苦參揩齒，歲久亦病腰。自後悉不用苦參，腰疾皆愈。此皆方書舊不載者。

世之摹字者多爲筆勢牽制，失其舊跡。須當横摹之，汎然不問其點畫，惟舊跡是循，然後盡其妙也。

古人以散筆作隸書，謂之「散隸」。近歲蔡君謨又以散筆作草書，謂之「散草」，或曰「飛草」。其法皆生於「飛白」，亦自成一家。

四明僧奉真，良醫也。天章閣待制許元，爲江、淮發運使，奏課于京師，方欲入對，而其子疾亟，瞑而不食，惙惙欲逾宿矣。使奉真視之，曰：「脾已絶，不可治，死在明日。」元曰：「觀其疾勢，固知其不可救，今方有事須陛對，能延數日之期否？」奉真曰：「如此似可。諸臟皆已衰，唯肝臟獨過。脾爲肝所勝，其氣先絶，一臟絶則死。若急瀉肝氣，令肝氣衰則脾少緩，可延三日。過此無術也。」乃投藥，至晚乃能張目，稍稍復啜粥，明日漸蘇而能食。元甚喜，奉真笑曰：「此不足喜，肝氣暫舒耳，無能爲也。」後三日果卒。

卷十九

器用

《禮書》所載黄彝，乃畫人目爲飾，謂之「黄目」。予遊關中，得古銅黄彝，殊不然。其刻畫甚繁，大體似繆篆，又如欄盾間所畫回波曲水之文，中間有二目，如大彈丸，突起煌煌然，所謂「黄目」也。視其文，髣髴有牙角口吻之象。或謂黄目乃自是一物。又予昔年在姑熟王敦城下土中得一銅鉦，刻其底曰：「諸葛士全茖鳴鉦。」茖即古「落」字也。此部落之落。士全，部將名。其鉦中間鑄一物，有角，羊頭，其身亦如篆文，如今時術士所畫符。傍有兩字，乃大篆「飛廉」字。篆文亦古怪。則鉦間所圖，蓋飛廉也。飛廉，神獸之名，淮南轉運使韓持正亦有一鉦，所圖飛廉及篆字與此亦同。以此驗之，則黄目疑亦是一物，飛廉之類，其形狀如字非字，如畫非畫，恐古人別有深理。大底先王之器皆不苟爲。昔夏后鑄鼎以知神姦，殆亦此類，恨未能深究其理，必有所謂。或曰：「《禮圖》罇彝皆以木爲之，未聞用銅者。」此亦未可質，如今人得古銅罇者極多，安得言無？如《禮圖》甕以瓦爲之，《左傳》卻有瑶甕，律以竹爲之，晉時舜祠下乃發得玉律，此亦無常法。如蒲穀璧，《禮圖》悉作草稼之象，今世人發古冢得蒲璧，乃刻文蓬蓬如蒲花敷時，榖璧如粟粒耳。則《禮圖》亦未可爲據。

《禮書》言：「罍畫雲雷之象【一】。」然莫知雷作何狀。今祭器中畫雷有作鬼神伐鼓之象，此甚不經。予嘗得一古銅罍，環其腹皆有畫，正如人間屋梁所畫曲水，細觀之乃是雲雷相間爲飾。如者古雲字也，象雲氣之形。如者雷字也。古文爲雷，象回旋之聲。其銅罍之飾皆一一相間，乃所謂雲雷之象也。今《漢書》罍字作，蓋古人以此飾罍，後世字失傳耳。

唐人詩多有言吳鈎者。吳鈎，刀名也，刃彎。今南蠻用之，謂之「葛黨刀」。

古法以牛革爲矢服，卧則以爲枕，取其中虛，附地枕之，數里内有人馬聲則皆聞之。蓋虛能納聲也。

鄆州發地得一銅弩機，甚大，製作極工。其側有刻文曰：「臂師虞士，耳師張柔。」史傳無此色目人，不知何代物也。

熙寧中，李定獻偏架弩，似弓而施榦鐙。以鐙距地而張之，射三百步，能洞重札，謂之「神臂弓」，最爲利器。李定本党項羌首，自投歸朝廷，官至防團而死。諸子皆以驍勇雄於西邊。

古劍有沉盧、魚腸之名。沉，音湛。沉盧，謂其湛湛然黑色也。古人以劑鋼爲刃，柔

【一】罍畫雲雷之象　「雷」原作「罍」，據四庫本改。

鐵爲莖榦，不爾則多斷折。劍之鋼者，刃多毀缺，巨闕是也，故不可純用劑鋼。魚腸即今蟠鋼劍也，又謂之松文。取諸魚燔熟，褫去脇，視見其腸，正如今之蟠鋼劍文也。

濟州金鄉縣發一古冢，乃漢大司徒朱鮪墓，石壁皆刻人物、祭器、樂架之類。人之衣冠多品，有如今之幞頭者，巾額皆方，悉如今制，但無脚耳。婦人亦有如今之垂肩冠者，如近年所服角冠，兩翼抱面，下垂及肩，畧無小異。人情不相遠，千餘年前冠服已嘗如此。其祭器亦有類今之食器者。

古人鑄鑑，鑑大則平，鑑小則凸。凡鑑窪則照人面大，凸則照人面小。小鑑不能全觀人面，故令微凸，收人面令小，則鑑雖小而能全納人面。仍復量鑑之小大，增損高下，常令人面與鑑大小相若。此工之巧智，後人不能造。比得古鑑皆刮磨令平，此師曠所以傷知音也。

長安故宫闕前有唐肺石尚在，其制如佛寺所擊響石而甚大，可長八九尺，形如垂肺，亦有款志，但漫剥不可讀，按《秋官・大司寇》：「以肺石達窮民。」原其義乃伸冤者擊之立其下，然後士聽其辭，如今之撾「登聞鼓」也。所以肺形者，便於垂，又肺主聲，聲所以達其冤也。

熙寧中，常發地得大錢三十餘千，文皆「順天」、「得一」。當時在庭皆疑古無得一年號，莫知何代物。予按《唐書》：「史思明僣號，鑄順天、得一錢。」順天乃其僞年號，得一特以名鑄錢耳，非年號也。

世有透光鑑，鑑皆有銘文，凡二十字，字極古，莫能讀。以鑑承日光則背文及二十字皆透在屋壁上，了了分明。人有原其理，以謂鑄時薄處先冷，唯背文上差厚後冷，而銅縮多，文雖在背而鑑面隱然有跡，所以於光中現。予觀之，理誠如是。然予家有三鑑，又見他家所藏，皆是一樣，文畫銘字，無纖異者，形制甚古，唯此一樣光透，其他鑑雖至薄者，皆莫能透。意古人別自有術。

予頃年在海州，人家穿地得一弩機，其望山甚長，望山之側爲小短，如尺之有分寸。原其意，以目注鏃端以望山之度擬之，准其高下，正用筭家勾股法也。《太甲》曰：「往省括于度則釋。」疑此乃度也。漢陳王寵善弩射，十發十中，中皆同處。其法以「天覆地載，參連爲奇，三微三小，三微爲經，三小爲緯，要在機牙」。其言隱晦難曉，大意天覆地載，前後手勢耳。三連爲奇，謂以度視鏃，以鏃視的，參連如衡，此正是勾股度高深之術也。三經三緯，則設之於堋以誌其高下左右耳。予嘗設三經三緯，以鏃注之，發矢亦十得七八。設度于機，定加密矣。

予於關中得一銅匜，其背有刻文二十字，曰：「律人衡蘭注水匜，容一升，始建國元年一月癸卯造。」皆小篆。律人當是官名。《王莽傳》中不載。

青堂羌善鍛甲，鐵色青黑，瑩徹可鑒毛髮，以麝皮爲綇旅之，柔薄而韌。鎮戎軍有一鐵甲，匱藏之，相傳以爲寶器，韓魏公帥涇原，曾取試之，去之五十步，强弩射之不能入。嘗有一矢貫札，乃是中其鑽空，爲鑽空所刮，鐵皆反卷，其堅如此。凡鍛甲之法，其始甚厚，不用火，令鍛之，比元厚三分減二乃成。其末留筯頭許不鍛，隱然如瘊子，欲以驗未鍛時厚薄，如浚河留土筍也。謂之「瘊子甲」。今人多於甲札之背隱起僞爲瘊子，雖置瘊子，但元非精鋼。或以火鍛爲之，皆無補於用，徒爲外飾而已。

朝士黄秉少居長安，遊驪山，值道士理故宫石渠，石下得折玉釵，刻爲鳳首，已皆破缺，然製作精巧，後人不能爲也。鄭嵎《津陽門》詩曰【二】：「破簪碎鈿不足拾，金溝淺溜和纓緌。」非虚語也。予又嘗過金陵，人有發六朝陵寢，得古物甚多。予曾見一玉臂釵，兩頭施轉關，可以屈伸，合之令圓，僅於無縫，爲九龍繞之，功侔鬼神。世多謂前古民醇，工作率多鹵拙，是大不然。古物至巧，正由民醇故也。民醇則百工不苟。後世風俗雖侈，而工之致力，不及古人，故物多不精。

屋上覆橑，古人謂之「綺井」，亦曰「藻井」，又謂之「覆海」，今令文中謂之「鬬八」，吴人謂之「罳頂」。唯宫室祠觀爲之。

今人地中得古印章，多是軍中官。古之佩章，罷免遷死皆上印綬，得以印綬葬者極稀。土中所得，多是没於行陣者。

大駕玉輅，唐高宗時造，至今進御。自唐至今，凡三至太山登封，其他巡幸，莫記其

【二】鄭嵎津陽門詩曰　「嵎」原作「愚」，據《總龜》卷四〇改。

數，至今完壯，乘之安若山岳，以措杯水其上而不摇。慶曆中，嘗别造玉輅，極天下良工爲之，乘之揺不安，竟廢不用。元豐中，復造一輅，尤極工巧，未經進御，方陳于大庭，車屋適壞，遂壓而碎。只用唐輅，其穩利堅久，歷世不能窺其法。世傳有神物護之。若行諸輅之後，則隱然有聲。

卷二十

神奇

世人有得雷斧、雷楔者，云：「雷神所墜，多于震雷之下得之。」而未嘗得見。元豐中，予居隨州，夏月大雷，震一木折，其下乃得一楔，信如所傳。凡雷斧多以銅鐵爲之，楔乃石耳，似斧而無孔。世傳雷州多雷，有雷祠在焉，其間多雷斧、雷楔。按《圖經》：「雷州境内有雷、擎二水，雷水貫城下，遂以名州。」如此則雷自是水名，言多雷乃妄也。然高州有電白縣，乃是鄰境，又何謂也？

越州應天寺有鰻井，在一大磐石上，其高數丈。井纔方數寸，乃一石竅也，其深不可知。唐徐浩詩云「深泉鰻井開」，即此也，其來亦遠矣。鰻將出遊，人取之置懷袖間，了無驚猜。如鰻而有鱗，兩耳甚大，尾有刃跡。相傳云：「黄巢曾以劍劃之。」凡鰻出遊，越中必有水旱疫癘之災，鄉人常以此候之。

治平元年，常州日禺時，天有大聲如雷，乃一大星幾如月，見于東南，少時而又震一聲，移著西南，又一震，而墜在宜興縣民許氏園中。遠近皆見，火光赫然照天，許氏藩籬皆爲所焚。是時火息，視地中只有一竅如杯大，極深，下視之，星在其中熒熒然，良久漸暗，尚熱不可近。又久之，發其竅，深三尺餘乃得一圓石，猶熱，其大如拳，一頭微鋭，色如鐵，重亦如之。州守鄭伸得之。送潤州金山寺，至今匣藏，遊人到則發視。王無咎爲之傳甚詳。

山陽有一女巫，其神極靈，予伯氏嘗召問之。凡人間物，雖在千里之外，問之皆能言，乃至人中心萌一意，已能知之。坐客方奕棊，試數白黑棊握手中，問其數，莫不符合。更漫取一把棊不數而問之，則亦不能知數。蓋人心所知者，彼則知之【一】，心所無則莫能知。如季咸之見壺子，大耳三藏觀忠國師也。又問以巾篋中物，皆能悉數。時伯氏有《金剛經》百册，盛大篋中，指以問之，其中何物？則曰：「空篋也。」伯氏乃發以示之，曰：「此有百册佛經，安得曰空篋？」鬼良久又曰：「空篋耳，安得欺我？」此所謂文字相空，因真心以顯非相，宜其鬼神所不能窺也。

神仙之説，傳聞固多，予之目覩者二事。供奉官陳允任衢州監酒務日，允已老，髮秃齒脱，有客候之，稱孫希齡，衣服甚繿縷，贈允藥一刀圭，令揩齒，允不甚信之，暇日因取揩上齒，數揩而良久歸家。家人見之皆笑，曰：「何爲以墨染鬚？」允驚，以鑑照之，上髯黑如漆矣，急去巾，視童首之髮已長數寸，脱齒亦隱然有生者。余見允時，年七十餘，上髯及髮盡黑，而下髯如雪。又正郎蕭渤罷白波輦運，至京師，有黥卒姓石，能以瓦石沙土手挼

【一】彼則知之　「則」，愛盧本作「亦」。

之悉成銀，渤厚禮之，問其法。石曰：「此真氣所化，未可遽傳。若服丹藥，可呵而變也。」遂授渤丹數粒，渤餌之，取瓦石呵之，亦皆成銀。渤乃丞相荆公姻家，是時丞相當國，予爲宰士，目覩此事。都下士人求見石者如市，遂逃去，不知所在。石纔去，渤之術遂無驗。石，齊人也。時曾子固守齊，聞之，亦使人訪其家，了不知石所在。渤既服其丹，亦宜有補年壽，然不數年間，渤乃病卒，疑其所化特幻耳。

熙寧中，予察訪過咸平。是時劉定子先知縣事，同過一佛寺。子先謂予曰：「此有一佛牙甚異。」予乃齋潔取視之，其牙忽生舍利，如人身之汗，颼然湧出，莫知其數，或飛空中，或墜地。人以手承之，即透過。著床榻，摘然有聲，透下【二】，光明瑩徹，爛然滿目。予到京師，盛傳于公卿間，後有人迎至京師，執政官取入東府，以次流布士大夫之家，神異之跡，不可悉數。有詔留大相國寺，創造木浮圖以藏之，今相國寺西塔是也。

菜品中蕪菁菘芥之類，遇旱其標多結成花，如蓮花，或作龍蛇之形。此常性，無足怪者。熙寧中，李賓客及之知潤州，園中菜花悉成荷花，仍各一佛坐于花中，形如雕刻，莫知其數。暴乾之，其相依然。或云：「李君之家奉佛甚篤，因有此異。」

彭蠡小龍，顯異至多，人人能道之，一事最著。熙寧中，王師南征，有軍仗數十船，泛江而南。自離真州，即有一小蛇登船，船師識之，曰：「此彭蠡小龍也，當是來護君仗耳【三】。」主典者以潔器薦之，蛇伏其中【四】，船乘便風，日棹數百里，未嘗有波濤之恐，不

【二】透下　《類苑》卷四四作「復透下」。

【三】當是來護君仗耳　「君」，《類苑》卷六八作「軍」。

【四】蛇伏其中　「中」原脱，據《類苑》卷六八補。

日至洞庭，蛇乃附一商人船回南康。世傳其封域止于洞庭，未嘗踰洞庭而南也。有司以狀聞，詔封神爲順濟王，遣禮官林希致詔。子中至祠下，焚香畢，空中忽有一蛇墜祝肩上，祝曰：「龍君至矣。」其重一臂不能勝。徐下至几案間，首如龜，不類蛇首也。子中致詔意曰：「使人至此，齋三日然後致祭。王受天子命，不可以不齋戒。」蛇受命，徑入銀香奩中，蟠三日不動。祭之日，既酌酒，蛇乃自奩中引首吸之。俄出循案行，色如濕胭脂，爛然有光。穿一剪綵花過，其尾尚赤，其前已變爲黄矣，正如雌黄色。又過一花，復變爲緑，如嫩草之色。少頃行上屋梁，乘紙旛脚以行，輕若鴻毛。倏忽入帳中，遂不見。明日，子中還，蛇在船後送之，踰彭蠡而回。此龍常遊舟檝間，與常蛇無辨，但蛇行必蜿蜒，而此乃直行，江人常以此辨之。

天聖中，近輔獻龍卵，云：「得自大河中。」詔遣中人送潤州金山寺。是歲大水，金山廬舍爲水所漂者數十間，人皆以爲龍卵所致，至今匱藏。予屢見之，形類色理，都如鷄卵，大若五斗囊，舉之至輕，唯空殼耳。

内侍李舜舉家曾爲暴雷所震，其堂之西室，雷火自窗間出，赫然出簷。人以爲堂屋已焚，皆出避之。及雷止，其舍宛然，墻壁窗紙皆黔。有一木格，其中雜貯諸器，其漆器銀釦者，銀悉鎔流在地，漆器曾不焦灼。有一寶刀極堅鋼，就刀室中鎔爲汁，而室亦儼然。人必謂火當先焚草木，然後流金石，今乃金石皆鑠，而草木無一燬者，非人情所測也。佛書言：「龍火得水而熾，人火得水而滅。」此理信然。人但知人境中事耳，人境之外，事有何限，欲以區區世智情識窮測至理，不其難哉。

知道者苟求至脱然，隨其所得淺深皆有效驗。尹師魯自直龍圖閣謫官過梁下，與一佛者談。師魯自言以静退爲樂。其人曰：「此猶所係，不若進退兩忘。」師魯頓若有所得，自爲文以記其説。後移鄧州，是時范文正公守南陽，少日，師魯忽手書與文正别，仍囑以後事，文正極訝之。時方饌客，掌書記朱炎在室，炎老人好佛學，文正以師魯書示炎曰：「師魯遷謫失意，遂至乖理，殊可怪也。宜往見之，爲致意開譬之，無使成疾。」炎即詣尹，而師魯已沐浴衣冠而坐，見炎來道文正意，乃笑曰：「何希文猶以生人見待？洙死矣【五】。」與炎談論頃時，遂隱几而卒。炎急使人馳報文正，文正至，哭之甚哀。師魯忽舉頭曰：「早已與公别，安用復來？」文正驚問所以，師魯笑曰：「死生常理也。希文豈不達此。」又問其後事。尹曰：「此在公耳。」乃揖希文復逝。俄頃又舉頭顧希文曰：「亦無鬼神，亦無恐怖。」言訖，遂長往。師魯所養至此，可謂有力矣，尚未能脱有無之見，何也？得非「進退兩忘」猶存于胸中歟。

吴人鄭夷甫少年登科，有美才。嘉祐中，監高郵軍税務，嘗遇一術士，能推人死期，無不驗者，令推其命不過三十五歲。憂傷感嘆，殆不可堪。人有勸其讀《老》、《莊》以自廣。久之，潤州金山有一僧，端坐與人談笑間遂化去。夷甫聞之，喟然嘆息曰：「既不得壽，

【五】洙死矣　「洙」原作「殊」，據愛廬本、四庫本改。

得如此僧，復何憾哉。」乃從佛者授《首楞嚴經》，徑還吴中。歲餘，忽有所見，曰：「生死之理我知之矣。」遂釋然放懷，無復蒂芥。後調封州判官，預知死日。先期旬日，作書與交遊親戚叙訣，及次叙家事備盡。至期沐浴更衣。公舍外有小園，面溪一亭潔飾，夷甫至其間，親督人灑掃及焚香，揮手指畫之間，屹然立化。家人奔出呼之，已立僵矣。亭亭如植木，一手猶作指畫之狀。郡守而下，少時皆至，士民觀者如墻，明日乃就斂。高郵崔伯易爲墓誌，略叙其事。予與夷甫遠親，知之甚詳。士人中盖未曾有此事。

人有前知者，數十百千年事皆能言之，夢寐亦或有之，以此知萬事無不前定。予以謂不然。事非前定，方其知時，即是今日。中間年歲，亦與此同時，元非先後。此理宛然，熟觀之可諭。或曰：「苟能前知，事有不利者可遷避之。」亦不然也。苟可遷避，則前知之時，已見所避之事，若不見所避之事，即非前知。

吴僧文捷戒律精苦，奇跡甚多，能知宿命，然罕與人言。予群從文通爲知制誥【六】，知杭州，禮爲上客。文通嘗學誦《揭帝呪》，都未有人知。捷一日相見曰：「舍人誦呪，何故闕一句？」既而思其所誦，果少一句。浙人多言文通不壽。一日齋心往問捷，捷曰：「公更三年爲翰林學士，壽四十歲，後當爲地下職任，事權不減生時，與楊樂道待制聯曹，然公此時當衣衰絰視事。」文通聞之，大駭曰：「數十日前曾夢楊樂道相過云：『受命與同公職事，所居甚樂，慎勿辭也。』」後數年，果爲學士，而丁母喪，年三十九矣。明年

【六】予群從文通爲知制誥　「文通」二字原缺，據愛廬本補。

秋，捷忽使人與文通訣別。時文通在姑蘇，急往錢塘見之。捷驚曰：「公大期在此月，何用更來？宜即速還。」屈指計之，曰：「急行尚可到家。」文通如其言，馳還徧別骨肉，是夜無疾而終。捷與人言多如此，不能悉記，此吾家事耳。捷嘗持《如意輪呪》，靈變尤多，缾中水呪之則涌立。畜一舍利，晝夜轉于琉璃缾中，捷行道遶之，捷行速則舍利亦速，行緩則舍利亦緩。士人郎忠厚事之至謹，就捷乞以舍利，捷遂與之，封護甚嚴，一日忽失所在，但空缾耳。忠厚齋戒延捷加持，少頃，見觀音像衣上一物蠢蠢而動，疑其蟲也，試取乃所亡舍利。如此者非一。忠厚以予愛之，持以見歸。予家至今嚴奉，盖神物也。

郢州漁人擲網于漢水，至一潭底，舉之覺重，得一石，長尺餘，圓直如斷椽，細視之，乃群小蛤鱗次相比，綢繆鞏固。以物試抉其一端，得一書卷，乃唐天寶年所造《金剛》【七】，題誌甚詳，字法奇古。其末云：「醫博士攝比陽縣令朱均施。」比陽乃唐州屬邑。不知何年墜水中，首尾略無沾漬，爲土豪李孝源所得。孝源素奉佛，寶藏其書，蛤筒復養之水中，客至欲見，則出以視之。孝源因感經像之勝異，施家財萬餘緡，寫佛經一藏于郢州興陽寺，特爲嚴麗。

張忠定少時謁華山陳圖南，遂欲隱居華山。圖南曰：「他人即不可知。如公者，吾當分半以相奉。然公方有官職，未可議此。其勢如失火家待君救火，豈可不赴也？」乃贈以一詩曰：「自吴入蜀是尋常，歌舞筵中救火忙。乞得金陵養閑散，亦須多謝鬢邊

【七】乃唐天寶年所造金剛「金剛」，愛廬本、四庫本作「金剛經」。

瘡。」始皆不諭其言。後忠定更鎮杭、益。晚年有瘡發于項後，治不差，遂自請得金陵，皆如此詩言。忠定在蜀日，與一僧善。及歸謂僧曰：「君當送我至鹿頭，有事奉託。」僧依其言，至鹿頭關，忠定出一書封角付僧曰：「謹收此。後至乙卯年七月二十六日當請于官司，對衆發之，慎不可私發。若不待其日及私發者，必有大禍。」僧得其書，至大中祥符七年歲乙卯，時凌侍郎策帥蜀，僧乃持其書詣府，具陳忠定之言。其僧亦有道者，凌信其言，集從官共開之，乃忠定真容也。其上有手題曰：「詠當血食于此。」後數日得京師報，忠定以其年七月二十六日捐館。凌乃爲之築廟于成都，蜀人自唐以來嚴祀韋南康，自此乃改祠忠定至今。

熙寧七年，嘉興僧道親號通照大師，爲秀州副僧正，因遊温州鴈蕩山，自大龍湫回，欲至瑞鹿院【八】。見一人衣布襦行澗邊，身輕若飛，履木葉而過，葉皆不動。心疑其異人，乃下澗中揖之，遂相與坐於石上，問其氏族、閭里、年齒，皆不答，鬚髮皓白，面色如少年，謂道親曰：「今宋朝第六帝也，更後九年當有疾，汝可持吾藥獻天子。此藥人臣不可服，服之有大責，宜善保守。」乃探囊出一丸，指端大，紫色，重如金錫，以授道親曰：「龍壽丹也。」欲去，又謂道親曰：「明年歲當大疫，吴、越尤甚，汝名已在死籍，今食吾藥，勉脩善業，當免此患。」探囊中取一柏葉與之，道親即時食之。老人曰：「定免矣，慎守吾藥，至癸亥歲，自詣闕獻之。」言訖遂去。南方大疫，兩浙無貧富皆病。死者十有五六，道親殊

【八】欲至瑞鹿院　「院」，愛廬本作「苑」。

無恙。至元豐六年夏，夢老人趣之曰：「時至矣，何不速詣闕獻藥？」夢中爲雷電驅逐，惶懼而起，徑詣秀州，具述本末，謁假入京，詣尚書省獻之。執政親問，以爲狂人，不受其獻。明日因對奏知，上急使人追尋，付内侍省問狀，以所遇對。未數日，先帝果不豫，乃使勾當御藥院梁從政持御香，賜裝錢百千，同道親乘驛詣鴈蕩山求訪老人，不復見，乃於初遇處焚香而還。先帝尋康復，謂輔臣曰：「此但預示服藥兆耳。」聞其藥至今在彰善閣，當時不曾進御。

廬山太平觀乃九天採訪使者祠，自唐開元中創建。元豐二年，道士陶智仙營一舍，令門人陳若拙董作。發地忽得一鉼，封鐍甚固。破之，其中皆五色土，唯有一銅錢，文有「應元保運」四字。若拙得之，以歸其師，不甚爲異。至元豐四年，忽有詔進號九天採訪使者爲應元保運真君，遣内侍廖維持御書殿額賜之，乃與錢文符同。時知制誥熊本提舉太平觀，具聞其事。召本觀主首推詰其詳，審其無僞，乃以其錢付廖維表獻之。

祥符中，方士王捷本黥卒，嘗以罪配沙門島，能作黄金。有老鍛工畢升曾在禁中爲捷鍛金。升云：「其法爲爐竈，使人隔墻鼓韛，盖不欲人覘其啓閉也。」其金，鐵爲之。初自冶中出，色尚黑。凡百餘兩爲一餅，每餅輻解鑿爲八片，謂之「鵶觜金」者是也。今人尚有藏者。上令上坊鑄爲金龜、金牌各數百，龜以賜近臣，人一枚，時受賜者除戚里外，在庭者十有七人。餘悉埋玉清昭應宫寶符閣及殿基之下，以爲寶鎮。牌賜天下州、府、軍、監各一，今謂之「金寶牌」者是也。洪州李簡夫家有一龜，乃其伯祖虛己所得者，蓋十七人之數也。其龜夜中往往出遊，爛然有光，掩之則無所得。其家至今匱藏。

卷二十一

異事 異疾附

世傳虹能入溪澗飲水，信然。熙寧中，予使契丹，至其極北黑水境永安山下卓帳。是時新雨霽，見虹下帳前澗中。予與同職扣澗觀之，虹兩頭皆垂澗中。使人過澗，隔虹對立，相去數丈，中間如隔綃縠。自西望東則見，蓋夕虹也【一】。立澗之東西望則爲日所鑠，都無所覩。久之稍稍正東，踰山而去。次日行一程，又復見之。孫彦先云：「虹乃雨中日影也，日照雨則有之。」

皇祐中，蘇州民家一夜有人以白堊書其墻壁，悉似「在」字，字稍異。一夕之間，數萬家無一遺者。至於卧内深隱之處，户牖間無不到者，莫知其然。後亦無他異。

延州天山之巔有奉國佛寺，寺庭中有一墓，世傳尸毗王之墓也。尸毗王出於佛書《大智論》，言嘗割身肉以飼餓鷹，至割肉盡。今天山之下有濯筋河，其縣爲膚施縣。詳膚施之義，亦與尸毗王説相符。按《漢書》：「膚施縣乃秦縣名。」此時尚未有佛書，疑後人傅會縣名爲説。雖有唐人一碑，已漫滅斷折不可讀。慶曆中，施昌言鎮鄜延，乃壞奉國

校勘記

【一】蓋夕虹也　「夕」原作「反」，據《類苑》卷六八改。

寺爲倉，發尸毗墓，得千餘秤炭，其棺槨皆朽，有枯骸尚完，脛骨長二尺餘，髏骨大如斗，並得玉環玦七十餘件，玉衝牙長僅盈尺，皆爲在位者所取。金銀之物即入于役夫。爭取珍寶，遺骸多爲拉碎，但貯一小函中埋之。東上閤門使夏元象時爲兵馬都監，親董是役，爲予言之甚詳。至今天山倉側昏後獨行者，往往與鬼神遇，郡人甚畏之。

予於譙亳得一古鏡，以手循之，當其中心則摘然如灼龜之聲。人或曰「此夾鏡也」。然夾不可鑄，須兩重合之。此鏡甚薄，畧無銲跡，恐非可合也。就使銲之，則其聲當銑塞，今扣之，其聲泠然纖遠。既因抑按而響，剛銅當破，柔銅不能如此澄瑩洞徹。歷訪鏡工，皆罔然不測。

世傳湖湘間因震雷，有鬼神書「謝仙火」三字于木柱上，其字入木如刻，倒書之。此説甚著。近歲秀州華亭縣亦因雷震，有字在天王寺屋柱上，亦倒書，云「高洞揚鴉一十六人火令章」，凡十一字。内「令章」兩字特奇勁，似唐人書體。至今尚在，頗與「謝仙火」事同。所謂火者，疑若隊伍若干人爲一火耳。予在漢東時，清明日，雷震死二人於州守園中，脇上各有兩字，如墨筆畫，扶疎類柏葉，不知何字。

元厚之少時，曾夢人告之異日當爲翰林學士，須兄弟數人同在禁林。厚之自思素無兄弟，疑此夢爲不然。熙寧中，厚之除學士，同時相先後入學士院，一人韓持國維，一陳和叔繹，一鄧文約綰，一楊元素繪，并厚之名絳，五人名皆從「糸」，始悟弟兄之説。

木中有文，多是柹木。治平初，杭州南新縣民家析柹木，中有「上天大國」四字，予親見之。書法類顔真卿，極有筆力，國字中間「或」字仍起挑作尖口，全是顔筆，知其非僞者。其横畫即是横理，斜畫即是斜理。其木直剖，偶當「天」字中分，而天字不破，上下兩畫并一脚皆横挺出半指許，如木中之節。以兩木合之如合契焉。

盧中甫家吴中，嘗未明而起，墻柱之下有光熠然，就視之，似水而動。急以油紙扇挹之，其物在扇中滉漾，正如水銀而光艷爛然，以火燭之則了無一物。又魏國大主家亦嘗見此物，李團練評嘗言予，與中甫所見無少異，不知何異也。予昔年在海州，曾夜煮鹽鴨卵，其間一卵爛然通明，如玉熒熒然，屋中盡明。置之器中，十餘日臭腐幾盡，愈明不已。蘇州錢僧孺家煮一鴨卵，亦如是。物有相似者必自是一類。

予在中書檢正時，閲雷州奏牘，有人爲鄉民詛死。問其狀，鄉民能以熟食呪之，俄頃，膾炙之類悉復爲完肉，又呪之，則熟肉復爲生肉，又呪之，則生肉能動，復使之能活，牛者復爲牛，羊者復爲羊，但小耳，更呪之則漸大，既而復呪之則還爲熟食。人有食其肉，覺腹中淫淫而動，必以金帛求解，金帛不至則腹裂而死，所食牛羊自裂中出。獄具案上，觀其呪語，但曰「東方王母桃，西方王母桃」兩句而已。其他但道其所欲，更無他術。

壽州八公山側，土中及溪澗之間往往得小金餅，上有篆文「劉主」字，世傳淮南王藥金也。得之者至多，天下謂之「印子金」是也。然止于一印，重者不過半兩而已，鮮有大者。予嘗於壽春漁人處得一餅，言得於淮水中，凡重七兩餘，面有二十餘印，背有五指及掌痕，紋理分明，傳者以謂涅之所化，手痕正如握涅之迹。襄、隨之間故春陵、白水地，發土多得金麟趾褭蹏。麟趾中空，四傍皆有文，刻極工巧。褭蹏作團餅，四邊無模範跡，似於平物上滴成，如今乾柹，土人謂之「柹子金」。《趙飛燕外傳》：「帝窺趙昭儀浴，多褭金餅以賜侍兒私婢【二】。」殆此類也。一枚重四兩餘，乃古之一斤也。色有紫艷，非他金可比。以刀切之，柔甚於鉛，雖大塊亦可刀切，其中皆虛軟。以石磨之則霏霏成屑。小說麟趾褭蹏乃婁敬所爲藥金，方家謂之「婁金」，和藥最良。《漢書註》亦云：「異於他金。」予在漢東一歲，凡數家得之。有一窖數十餅者，予亦買得一餅。

舊俗，正月望夜迎廁神，謂之紫姑。亦不必正月，常時皆可召。予少時見小兒輩等，閑則召之以爲嬉笑。親戚間曾有召之而不肯去者，兩見有此，自後遂不敢召。景祐中，太常博士王綸家因迎紫姑，有神降其閨女，自稱上帝後宮諸女，能文章，頗清麗，今謂之《女仙集》，行于世。其書有數體，甚有筆力，然皆非世間篆隸。其名有「藻牋篆」、「茁金篆」十餘名，綸與先君有舊，予與其子弟遊，見其筆跡【三】。其家亦時見其形，但自腰以上見之，乃好女子，其下常爲雲氣所擁。善鼓箏，音調凄婉，聽者忘倦。嘗謂其女曰：「能乘雲與我遊乎？」女子許之，乃自其庭中涌白雲如蒸，女子踐之，雲不能載。神曰：「汝履下有穢土，可去履而登。」女子乃韈而登，如履繒絮，冉冉至屋復下。曰：「汝未可往，更

【二】多褭金餅以賜侍兒私婢　「褭」原作「裛」，據愛廬本、四庫本改。

【三】見其筆跡　「見」，《類苑》卷六八作「親見」。

期異日。」後女子嫁，其神乃不至。其家了無禍福。爲之記傳者甚詳。此予目見者，粗志于此。近歲迎紫姑仙者極多，大率多能文章歌詩，有極工者，予屢見之。多自稱「蓬萊謫仙」。醫卜無所不能，棊與國手爲敵。然其靈異顯著，無如王綸家者。

世有奇疾者。吕縉叔以知制誥知潁州【四】，忽得疾，但縮小，臨終僅如小兒。古人不曾有此疾，終無人識。有松滋令姜愚無他疾，忽不識字，數年方稍稍復舊。又有一人家妾，視直物皆曲，弓絃界尺之類視之皆如鈎，醫僧奉真親見之。江南逆旅中一老婦，啖物不知飽，徐德占過逆旅【五】，老婦愬以飢，其子恥之，對德占以蒸餅啖之，盡一竹簣，約百餅，猶稱飢不已。日食飯一石米，隨即痢之，飢復如故。京兆醴泉主簿蔡繩，予友人也，亦得飢疾，每飢立須啖，稍遲則頓仆悶絶，懷中常置餅餌，雖對貴官，遇飢亦便齕啖。繩有美行，博學有文，爲時聞人，終以此不幸。無人識其疾，每爲之哀傷。

嘉祐中，揚州有一珠甚大，天晦多見。初出于天長縣陂澤中，後轉入甓社湖，又後乃在新開湖中，凡十餘年，居民行人常常見之。予友人書齋在湖上，一夜忽見其珠甚近，初微開其房，光自吻中出，如横一金線，俄頃忽張殼，其大如半席，殼中白光如銀，珠大如拳，爛然不可正視，十餘里間林木皆有影，如初日所照，遠處但見天赤如野火，倏然遠去，其行如飛，浮於波中，杳杳如日。古有明月之珠，此珠色不類月，熒熒有芒焰，殆類日光。崔伯易嘗爲《明珠賦》。伯易高郵人，蓋常見之。近歲不復出，不知所往。樊良鎮正當珠往來

【四】吕縉叔以知制誥知潁州　前「知」字原脱，據愛盧本、四庫本改。

【五】徐德占過逆旅　「徐」原作「餘」，據愛盧本、四庫本改。

處，行人至此，往往維船數宵以待現，名其亭爲「玩珠」。

登州巨嵎山下臨大海，其山有時震動，山之大石皆頽入海中。如此已五十餘年，土人皆以爲常，莫知所謂。

士人宋述家有一珠，大如鷄卵，微紺色，瑩徹如水，手持之映空而觀，則末底一點凝翠，其上色漸淺，若回轉則翠處常在下。不知何物，或謂之「滴翠珠」。佛書西域有琉璃珠，投之水中，雖深皆可見，如人仰望虛空月影，疑此近之。

登州海中時有雲氣如宮室、臺觀、城堞、人物、車馬、冠盖，歷歷可見，謂之「海市」。或曰：「蛟蜃之氣所爲。」疑不然也。歐陽文忠曾出使河朔，過高唐縣驛舍中，夜有鬼神自空中過，車馬人畜之聲一一可辨，其説甚詳【六】，此不具紀。問本處父老，云：「二十年前嘗晝過縣，亦歷歷見人物，土人亦謂之海市。」與登州所見大畧相類也。

近歲延州永寧關大河岸崩，入地數十尺，土下得竹笋一林，凡數百莖，根幹相連，悉化爲石。適有中人過，亦取數莖去，云欲進呈。延郡素無竹，此入在數十尺土下，不知其何代物。無乃曠古以前，地卑氣濕而宜竹耶？婺州金華山有松石，又如桃核、蘆根、蛇蟹之類，皆有成石者，然皆其地本有之物，不足深怪。此深地中所無，又非本土所有之物，特可異耳。

治平中，澤州人家穿井，土中見一物，蜿蜒如龍蛇狀，畏之不敢觸。久之，見其不動，

【六】其説甚詳　「説」原作「聲」，據愛盧本、四庫本改。

試撲之，乃石也。村民無知，遂碎之。時程伯純爲晉城令，求得一段，鱗甲皆如生物。蓋蛇蜃所化，如石蟹之類。

隨州醫蔡士寧嘗寶一息石，云：「數十年前，得於一道人。」其色紫，光如辰州丹砂，極光瑩如映人。搜和藥劑，有纏紐之紋，重如金錫，其上有兩三竅，以細篾剔之，出赤屑如丹砂，病心狂熱者服麻子許即定。其斤兩歲息，士寧不能名，乃以歸予。或云：「昔人所煉丹藥也。」形色既異，又能滋息，必非凡物，當求識者辨之。

隨州大洪山人李遥，殺人亡命，踰年至秭歸，因出市，見鬻拄杖者，等閑以數十錢買之。是時秭歸適又有邑民爲人所殺，求賊甚急。民之子見遥所操杖，識之曰：「此吾父杖也。」遂以告官司，執遥驗之，果邑民之杖也，榜掠備至。遥實買杖，而鬻者已不見，卒未有以自明者。有司詰其行止來歷，勢不可隱，乃遞隨州。大洪殺人之罪遂敗，卒不知鬻杖者何人。市人千萬而遥適值之，因緣及其隱匿，此亦事之可怪者。

至和中，交趾獻麟，如牛而大，通身皆大鱗，首有一角。考之記傳，與麟不類，當時有謂之「山犀」者。然犀不言有鱗，莫知其的。詔欲謂之麟，則慮夷獠見欺，不謂之麟，未有以質之。止謂之「異獸」，最爲慎重有體。今以予觀之，殆「天禄」也。按《漢書》：「靈帝中平三年，鑄天禄、蝦蟆于平津門外。」註云：「天禄，獸名。」今鄧州南陽縣北《宗資碑》旁兩獸，鐫其膊，一曰「天禄」，一曰「辟邪」。元豐中，予過鄧境，聞此石獸尚在，使人墨其所刻「天禄」、「辟邪」字觀之，似篆似隸，其獸有角鬣，大鱗如手掌。南豐曾阜爲南陽令，題《宗資碑》陰云：「二獸膊之所刻獨在，製作精巧，高七八尺，尾鬣皆鱗甲，莫知何象而名此也。」今詳其形，甚類交趾所獻異獸，知其必「天禄」也。

錢塘有聞人紹者，常寶一劍。以十大釘陷柱中，揮劍一削十釘皆截，隱如秤衡，而劍鋒無纖跡。用力屈之如鈎，縱之鏗然有聲，復直如絃。關中种諤亦畜一劍，可以屈置盒中，縱之復直。張景陽《七命》論劍曰：「若其靈寶，則舒屈無方。」蓋自古有此一類，非常铁能爲也。

嘉祐中，伯兄爲衛尉丞，吴僧持一寶鑑來云：「齋戒照之，當見前途吉凶。」伯兄如其言，乃以水濡其鑑，鑑不甚明，髣髴見如人衣緋衣而坐。是時伯兄爲京寺丞，衣緑，無緣遽有緋衣。不數月，英宗即位，覃恩賜緋。後數年，僧至京師，蔡景繁時爲御史，嘗照之，見已着貂蟬，甚自喜。不數日，攝官奉祀，遂假蟬冕。景繁終於承議郎，乃知鑑之所卜，唯知近事耳。

三司使宅本印經院，熙寧中，更造三司宅，自薛師政經始。宅成，日官周琮曰：「此宅前河，後直太社，不利居者。」始自元厚之自拜日入居之，不久，厚之謫去。而曾子宣繼之，子宣亦謫去。子厚居之，子厚又逐。而予爲三司使，亦以罪去。李奉世繼爲之，而奉世又謫。皆不緣三司職事，悉以他坐褫削。奉世去，安厚卿主計，而三司官廢，宅毁爲官寺，厚卿亦不終任。

《嶺表異物誌》記鱷魚甚詳。予少時到閩中，時王舉直知潮州，釣得一鱷，其大如船，畫以爲圖而自序其下。大體其形如鼉，但喙長等其身，牙如鋸齒。有黄、蒼二色，或時有白者。尾有三鈎，極銛利，遇鹿豕，即以尾戟之以食。生卵甚多，或爲魚，或爲鼉、黿，其爲鱷者不過一二。土人設鈎於大豕之身，筏而流之水中，鱷尾而食之，則爲所斃。

嘉祐中，海州漁人獲一物，魚身而首如虎，亦作虎文，有兩短足在肩，指爪皆虎也，長八九尺，視人輒淚下。舁至都中【七】，數日方死。父老云：「昔年曾見之，謂之『海蠻師』。」然書傳小説未嘗載。疑此物即「虎頭鯊」也【八】，能變虎。

邕州交寇之後，城壘方完，有定水精舍，泥佛輒自動摇，晝夜不息，如此踰月。時新經兵亂，人情甚懼，有司不敢隱，具以上聞，遂有詔令置道場禳謝，動亦不已。時劉初知邕州，惡其惑衆，乃舁像投江中，至今亦無佗異。

洛中地内多宿藏，凡置第宅，未經掘者，例出「掘錢」。張文孝左丞始以數千緡買洛大第，價已定，又求掘錢甚多。文孝必欲得之，累增至千餘緡方售，人皆以爲妄費。及營建廬舍，土中得一石匣，不甚大而刻鏤精妙，皆爲花鳥異形，頂有篆字二十餘【九】，書法古怪，無人能讀。發匣得黄金數百兩，鬻之，金價正如置第之直，斸掘錢亦在其數，不差一錢。觀其窾識文畫，皆非近古所有。數已前定，則雖欲無妄費，安可得也。

【七】舁至都中　「都」，愛盧本、四庫本作「郡」。

【八】疑此物即虎頭鯊也　「疑」原缺，據愛盧本補。

【九】頂有篆字二十餘　「頂」原作「項」，據愛盧本、四庫本改。

熙寧九年，恩州武城縣有旋風自東南來，望之插天如羊角，大木盡拔。俄頃，旋風卷入雲霄中。既而漸近，乃經縣城，官舍民居略盡，悉卷入雲中。縣令兒女奴婢卷去復墜地，死傷者數人，民間死傷亡失者不可勝計。縣城悉爲丘墟【一〇】，遂移今縣。

宋次道《春明退朝録》言：「天聖中，青州盛冬濃霜，屋瓦皆成百花之狀。」此事五代時已嘗有之，予亦自兩見如此。慶曆中，京師集禧觀渠中冰紋皆成花果林木。元豐末，予到秀州，人家屋瓦上冰亦成花，每瓦一枝，正如畫家所爲折枝。有大花似牡丹、芍藥者，細花如海棠、萱草輩者，皆有枝葉，無毫髮不具，氣象生動【一一】，雖巧筆不能爲之。以紙搨之，無異石刻。

熙寧中，河州雨雹，大者如鷄卵，小者如蓮芡，悉如人頭，耳目口鼻皆具，無異鐫刻。次年，王師平河州，蕃戎授首者甚衆，豈克勝之符豫告耶？

【一〇】縣城悉爲丘墟　「縣城」原作「縣」，據四庫本、《類苑》卷六九補。

【一一】氣象生動　「動」原作「下」，據愛廬本、四庫本改。

卷二十二

謬誤 譎詐附

東南之美，有會稽之竹箭。竹爲竹，箭爲箭，蓋二物也。今採箭以爲矢，而通謂矢爲箭者，因其箭名之也。至於用木爲笴，而謂之箭則謬矣。

丁晉公之逐，士大夫遠嫌，莫敢與之通聲問。一日，忽有一書與執政，執政得之不敢發，立具上聞。洎發之，乃表也。深自叙致，詞頗哀切，其間兩句曰：「雖遷陵之罪大，念立主之功多。」遂有北還之命。謂多智變，以流人無因達章奏，遂託爲執政書，度以上聞，因蒙寬宥。

嘗有人自負才名，後爲進士狀首，揚歷貴近，曾謫官知海州，有筆工善畫水，召使畫便廳掩障，自爲之記，自書于壁間。後人以其時名，至今嚴護之。其間叙畫水之因，曰：「設於聽事，以代反坫。」人莫不怪之。予竊意其心，以謂「邦君屏塞門，管氏亦屏塞門，邦君爲兩君之好有反坫，管氏亦有反坫。」其文相屬，故繆以「屏」爲「反坫」耳。

段成式《酉陽雜俎》記事多誕，其間叙草木異物尤多繆妄，率記異國所出，欲無根柢。

如云：「一木五香，根，旃檀。節，沉香。花，鷄舌。葉，藿。膠，薰陸。」此尤謬。旃檀與沉香兩木元異。鷄舌即今丁香耳，今藥品中所用者，亦非。藿香自是草葉，南方至多。薰陸小木而大葉，海南亦有，薰陸乃其膠也，今謂之「乳頭香」。五物逈殊，元非同類。

丁晉公從車駕巡幸禮成，有詔賜輔臣玉帶。時輔臣八人，行在祇候庫止有七帶，尚衣有帶，謂之「比玉」，價直數百萬，上欲以賜輔臣，以足其數。晉公心欲之而位在七人之下，度必不及己，乃諭有司不須發尚衣帶，自有小私帶，且可服之以謝，候還京別賜可也。有司具以此聞。既各受賜，而晉公一帶僅如指闊。上顧謂近侍曰：「丁謂帶與同列大殊，速求一帶易之。」有司奏唯有尚衣御帶，遂以賜之。其帶熙寧中復歸内府。

黄宗旦晚年病目，每奏事先具奏目成誦于口，至上前，展奏目誦之，其實不見也。同列害之，密以他書易其奏目，宗旦不知也。至上前所誦與奏目不同，歸乃覺之，遂乞致仕。

京師賣卜者，唯利舉場時舉人占得失，取之各有術。有求目下之利者，凡有人問皆曰「必得」，士人樂得所欲，競往問之。有邀以後之利者，凡有人問悉曰「不得」，下第者常過十分之七，皆以謂術精而言直。後舉倍獲，有因此著名，終身饗利者。

包孝肅尹京，號爲明察。有編民犯法當杖脊，吏受賕，與之約曰：「今見尹，必付我責狀，汝第呼號自辯，我與汝分此罪，汝決杖，我亦決杖。」既而包引囚問畢，果付吏責狀，囚如吏言分辯不已。吏大聲訶之曰：「但受脊杖出去，何用多言。」包謂其市權，捽吏於庭，杖之七十，特寛囚罪，止從杖坐，以抑吏勢。不知乃爲所賣，卒如素約。小人爲姦，固難防也。孝肅天性峭嚴，未嘗有笑容，人謂「包希仁笑比黄河清」。

李溥爲江淮發運使，每歲奏計，則以大船載東南美貨結納當途，莫知紀極。章獻太后垂簾時，溥因奏事，盛稱浙茶之美，云：「自來進御，唯建州餅茶，而浙茶未嘗修貢，本司以羡餘錢買到數千斤，乞進入内。」自國門挽船而入，稱「進奉茶綱」，有司不敢問。所貢餘者悉入私室。溥晚年以賄敗，竄謫海州。然自此遂爲發運司歲例，每發運使入奏，舳艫蔽川，自泗州七日至京。予出使淮南時，見有重載入汴者，求得其籍，言兩浙牋紙三暖船，他物稱是。

崔融爲《瓦松賦》云：「謂之木也，訪山客而未詳；謂之草也，驗農皇而罕記。」段成式難之曰：「崔公博學，無不該悉，豈不知瓦松已有著説？」引梁簡文詩「依簷映昔耶」。成式以昔耶爲「瓦松」，殊不知昔耶乃是「垣衣」，瓦松自名「昨葉」，何成式亦自不識？

江南陳彭年博學書史，於禮文尤所詳練。歸朝列于侍從，朝廷郊廟禮儀，多委彭年裁定，援引故事，頗爲詳洽。嘗攝太常卿，導駕，誤行黄道上，有司止之，彭年正色回顧曰：「自有典故。」禮曹素畏其該洽，不復敢詰問。

海物有車渠，蛤屬也，大者如箕，背有渠壟如蚶殼，故以爲器，緻如白玉，生南海。《尚書大傳》曰：「文王囚於羑里，散宜生得大貝如車渠以獻紂。」鄭康成乃解之曰：「渠，車罔也。」蓋康成不識車渠，謬解之耳。

李獻臣好爲雅言，曾知鄭州。時孫次公爲陝漕，罷赴闕，先遣一使臣入京，所遣乃獻臣故吏。到鄭庭參，獻臣甚喜，欲令左右延飯，乃問之曰：「餐來未？」使臣誤意餐者謂次公也，遽對曰：「離長安日，都運待制已治裝。」獻臣曰：「不問孫待制，官人餐來未？」其人慙沮而言曰：「不敢仰昧，爲三司軍將日曾喫卻十三。」蓋鄙語謂「遭杖」爲「餐」。獻臣掩口曰：「官人誤也。問曾與未曾餐飯，欲奉留一食耳。」

卷二十三

譏謔 謬誤附

石曼卿爲集賢校理，微行倡館，爲不逞者所窘。曼卿醉，與之校，爲街司所録。曼卿詭怪不羈，謂主者曰：「只乞就本廂科決，欲詰旦歸館供職。」廂帥不喻其謔，曰：「此必三館吏人也。」杖而遣之。

司馬相如叙上林諸水曰：「丹水、紫淵，灞、滻、涇、渭，八川分流，相背而異態，灝溔潢漾，東注太湖。」李善注：「太湖，所謂震澤。」按八水皆入大河，如何得東注震澤？又白樂天《長恨歌》云：「峨嵋山下少人行，旌旗無光日色薄。」峨嵋在嘉州，與幸蜀路全無交涉。杜甫《武侯廟柏》詩云：「霜皮溜雨四十圍，黛色參天二千尺。」四十圍乃是徑七尺，無乃太細長乎？防風氏身廣九畝，長三丈，姬室畝廣六尺，九畝乃五丈四尺，如此防風之身乃一餅餤耳。此亦文章之病也。

庫藏中物，物數足而名差互者【一】，帳籍中謂之「色繳」。音叫。嘗有一從官知審官西院，引見一武人，於格合遷官，其人自陳年六十，無材力，乞致仕，叙致謙厚，甚有可觀。主

校勘記

【一】物數足而名差互者　「互」原作「玄」，據愛盧本、四庫本改。

判攘手曰：「某年七十二尚能拳歐數人，此轅門也，方六十歲，豈得遽自引退？」京師人謂之「色緻」。

舊日官爲中允者極少，唯老於幕官者，累資方至，故爲之者多潦倒之人。近歲州縣官進用者多除中允，遂有「冷中允」、「熱中允」。又集賢殿修撰，舊多以館閣久次者爲之，近歲有自常官超授要任，未至從官者多除修撰，亦有「冷撰」、「熱撰」。時人謂「熱中允不博冷修撰」。

梅詢爲翰林學士，一日書詔頗多，屬思甚苦，操觚循堦而行。忽見一老卒卧于日中，欠伸甚適，梅忽嘆曰：「暢哉。」徐問之曰：「汝識字乎？」曰：「不識字。」梅曰：「更快活也。」

有一南方禪僧到京師，衣間緋袈裟，主事僧素不識南宗體式，以爲妖服，執歸有司，尹正見之，亦遲疑未能断，良久喝出禪僧，以袈裟送報慈寺泥迦葉披之。人以謂此僧未有見處，卻是知府具一隻眼。

士人應敵文章，多用他人議論，而非心得。時人爲之語曰：「問即不會，用則不錯。」

張唐卿進士第一人及第，期集于興國寺，題壁云：「一舉首登龍虎牓，十年身到鳳凰池。」有人續其下云：「君看姚曄并梁固，不得朝官未可知。」後果終于京官。

信安、滄景之間多蚊虻。夏月牛馬皆以泥塗之。不爾多爲蚊虻所斃。郊行不敢乘馬，馬爲蚊虻所毒則狂逸不可制。行人以獨輪小車，馬鞍蒙之以乘，謂之「木馬」。挽車者皆衣韋袴。冬月作小坐床，冰上拽之，謂之「凌床」。予嘗按察河朔，見挽床者相屬，問其所用，曰：「此運使凌床，此提刑凌床也。」聞者莫不掩口。

廬山簡寂觀道士王告，好學有文，與星子令相善。有邑豪修醮，告當爲都工。都工薄有施利，一客道士自言衣紫，當爲都工，訟于星子云：「職位顛倒，稱號不便。」星子令封牒與告，告乃判牒曰：「客僧做寺主，俗諺有云；散衆奪都工，教門無例。雖紫衣與黄衣稍異，奈本觀與别觀不同。非爲稱呼，蓋利乎其中有物，妄自尊顯，豈所謂大道無名。宜自退藏，無抵刑憲。」告後歸貫登科，爲健吏，至祠部員外郎、江南西路提點刑獄而卒。

舊制：三班奉職月俸錢七百。驛券肉半斤。祥符中有人爲詩題所在驛舍間曰：「三班奉職實堪悲，卑賤孤寒即可知。七百料錢何日富，半斤羊肉幾時肥。」朝廷聞之曰：「如此何以責廉隅？」遂增今俸。

嘗有一名公初任縣尉，有舉人投書索米，戲爲一詩答之曰：「五貫九百五十俸，省錢請作足錢用。妻兒尚未厭糟糠，僮僕豈免遭飢凍。贖典贖解不曾休，喫酒喫肉何曾夢。爲報江南癡秀才，更來謁索覓甚瓮。」熙寧中，例增選人俸錢，不復有五貫九百俸者，此實養廉隅之本也。

石曼卿初登科，有人訟科場，覆考落數人，曼卿是其數。時方期集于興國寺，符至，追所賜勑牒靴服。數人皆啜泣而起，曼卿獨解靴袍還使人，露體戴幞頭，復坐語笑，終席而去。次日，被黜者皆授三班借職，曼卿爲一絶句曰：「無才且作三班借，請俸爭如録事參。從此罷稱鄉貢進，且須走馬東西南。」

蔡景繁爲河南軍巡判官日，緣事至留司御史臺閲案牘，得乾德中回南郊儀仗使司牒檢云：「准來文取索本京大駕鹵簿。勘會本京鹵簿儀仗，先於清泰年中，末帝將帶逃走，不知所在。」

江南宋齊丘，智謀之士也。自以謂江南有精兵三十萬，士卒十萬，大江當十萬，而已當十萬。江南初主本徐温養子，及僭號，遷徐氏于海陵。中主繼統，用齊丘謀，徐氏無男女少長皆殺之。其後齊丘嘗有一小兒病，閉閤謝客，中主置燕召之，亦不出。有老樂工且雙瞽，作一詩書紙鳶上，放入齊丘第中，詩曰：「化家爲國實良圖，總是先生畫計謨。一箇小兒抛不得，上皇當日合何如？」海陵州宅之東至今有小兒墳數十，皆當時所殺徐氏之族也。

有一故相遠派在姑蘇，有嬉遊，書其壁曰：「大丞相再從姪某嘗遊。」有士人李璋素好訕謔，題其傍曰：「混元皇帝三十七代孫李璋繼至。」

吴中一士人，曾爲轉運司别試解頭，以此自負，好附託顯位。是時侍御史李制知常州，丞相莊敏龐公知湖州。士人遊毗陵，挈其徒飲倡家，顧謂一騶卒曰：「汝往白李二，我在此飲，速遣有司持酒肴來。」李二謂李御史也。俄頃郡厨以飲食至，甚爲豐腆。有一蓐醫適在其家，見其事，後至御史之家，因語及之。李君極怪，使人捕得騶卒，乃兵馬都監所假，受士人教戒，就使庖買飲食以給坐客耳。李乃杖騶卒，使街司白士人出城。郡僚有相善者，出與之别，啗之曰：「倉卒遽行，當何所詣？」士人應之曰：「且往湖州依龐九耳。」聞者莫不大笑。

館閣每夜輪校官一人直宿，如有故不宿則虚其夜，謂之「豁宿」。故事：豁宿不得過四，至第五日即須入宿。遇豁宿，例於宿曆名位下書「腹肚不安，免宿」。故館閣宿曆，相傳謂之「害肚曆」。

吴人多謂梅子爲「曹公」，以其嘗望梅止渴也。又謂鵝爲「右軍」。有一士人遺人醋梅與燖鵝，作書云：「醋浸曹公一甏，湯燖右軍兩隻，聊備一饌。」

卷二十四

雜誌一

延州今有五城。說者以謂舊有東西二城夾河對立，高萬典郡，始展南北東三關城。予因讀杜甫詩云：「五城何迢迢，迢迢隔河水。延州秦北户，關防猶可倚。」乃知天寶中已有五城矣。

鄜延境内有石油。舊説高奴縣出脂水，即此也。生於水際，沙石與泉水相雜，惘惘而出。土人以雉尾裛之，乃採入缶中。頗似淳漆，燃之如麻，但煙甚濃，所霑幄幕皆黑。予疑其煙可用，試埽其煤以爲墨，黑光如漆，松墨不及也，遂大爲之，其識文爲「延川石液」者是也。此物後必大行於世，自予始爲之。蓋石油至多，生於地中無窮，不若松木有時而竭。今齊、魯間松林盡矣，漸至太行、京西、江南，松山太半皆童矣。造煤人蓋未知石煙之利也。石炭煙亦大墨人衣。予戲爲延州詩云：「二郎山下雪紛紛，旋卓穹廬學塞人。化盡素衣冬未老，石煙多似洛陽塵。」

解州鹽澤之南，秋夏間多大風，謂之「鹽南風」。其勢發屋拔木，幾欲動地。然東與南皆不過中條，西不過席張鋪，北不過鳴條，縱廣止於數十里之間。解鹽不得此風不冰，蓋大滷之氣相感，莫知其然也。又汝南亦多大風，雖不及「鹽南」之厲，然亦甚於他處，不知緣何如此。或云：「自城北風穴山中出。」今所謂風穴者已夷矣，而汝南自若，了知非有穴也。方諺云：「汝州風，許州葱。」其來素矣。

昔人文章用北狄事多言黑山。黑山在大幕之北，今謂之「姚家族」，有城在其西南，謂之「慶州」。予奉使嘗帳宿其下。山長數十里，土石皆紫黑，似今之磁石，有水出其下，所謂黑水也。胡人言黑水原下委高，水曾逆流。予臨視之，無此理，亦常流耳。山在水之東，大底北方水多黑色，故有盧龍郡。北人謂水爲「龍」，盧龍即黑水也。黑水之西有連山，謂之夜來山，極高峻，契丹墳墓皆在山之東南麓。近西有遠祖射龍廟，在山之上，有龍舌藏于廟中，其形如劒。山西別是一族，尤爲勁悍，唯啖生肉血，不火食，胡人謂之「山西族」，北與黑水胡，南與達靼接境。

予姻家朝散郎王九齡常言，其祖貽永侍中有女子嫁諸司使夏偕，因病危甚，服醫朱嚴藥遂差。貂蟬喜甚，置酒慶之，女子於坐間求爲朱嚴奏官。貂蟬難之，曰：「今歲恩例已許門醫劉公才，當俟明年。」女子乃哭而起，徑歸不可留。貂蟬追謝之，遂召公才，諭以女子之意，輟是歲恩命，以授朱嚴。制下之日而嚴死，公才乃囑王公曰：「朱嚴未受命而死，法容再奏。」公然之，再爲公才請，及制下，公才之尉氏縣，使人召之。公才方飲酒，聞得官，大喜，遂暴卒。一四門助教而死二醫，一官不可妄得，況其大者乎。

趙韓王治第，麻擣錢一千二百餘貫，其他可知。蓋屋皆以板爲笪【一】，上以方塼甃之，然後布瓦，至今完壯。塗壁以麻擣土，世俗遂謂塗壁麻爲「麻擣」。

契丹北境有跳兔，形皆兔也，但前足纔寸許，後足幾一尺，行則用後足跳，一躍數尺，止則蹶然仆地，生於契丹慶州之地大漠中。予使虜日，捕得數兔持歸。蓋《爾雅》所謂「蟨兔」也。亦曰「蛩蛩巨驉」也。

蟭蟟之小而綠色者，北人謂之「螓」，即《詩》所謂「螓首蛾眉」者也。取其頂深且方也。又閩人謂大蠅爲「胡螓」，亦螓之類也。

北方有白鴈，似鴈而小，色白，秋深則來。白鴈至則霜降，河北人謂之「霜信」。杜甫詩云「故國霜前白鴈來」，即此也。

熙寧中，初行淤田法，論者以謂：「《史記》所載『涇水一斛，其泥數斗，且糞且溉，長我禾黍』。所謂糞，即淤也。」予出使至宿州，得一石碑，乃唐人鑿六陡門，發汴水以淤下澤，民獲其利，刻石以頌刺史之功。則淤田之法，其來蓋久矣。

予奉使河北，邊太行而北，山崖之間，往往銜螺蚌殼及石子如鳥卵者，橫亘石壁如帶。此乃昔之海濱。今東距海已近千里，所謂大陸者皆濁泥所湮耳。堯殛鯀于羽山，舊說在東海中，今乃在平陸。凡大河、漳水、滹沲、涿水、桑乾之類，悉是濁流。今關、陝以西，水

【一】蓋屋皆以板爲笪　「笪」原作「笪」，據愛盧本、四庫本改。

行地中，不減百餘尺。其泥歲東流，皆爲大陸之土，此理必然。

唐李翱爲《來南録》云：「自淮沿流至于高郵，乃泝至于江。」孟子所謂「決汝、漢，排淮、泗，而注之江」，則淮、泗固嘗入江矣。此乃禹之舊跡也。熙寧中，曾遣使按圖求之，故道宛然。但江、淮已深，其流無復能至高郵耳。

予中表兄李善勝，曾與數年輩鍊朱砂爲丹，經歲餘，因沐砂再入鼎，誤遺下一塊，其徒丸服之，遂發懵冒，一夕而斃。朱砂至涼藥，初生嬰子可服，因火力所變，遂能殺人。以變化相對言之，既能變而爲大毒，豈不能變而爲大善。既能變而殺人，則宜有能生人之理，但未得其術耳。以此知神仙羽化之方，不可謂之無，然亦不可不戒也。

温州鴈蕩山，天下奇秀，然自古圖牒未嘗有言者。祥符中，因造玉清宫，伐山取材，方有人見之，此時尚未有名。按西域書阿羅漢諾矩羅居震旦東南大海際鴈蕩山芙蓉峯龍湫。唐僧貫休爲《諾矩羅賛》有「鴈蕩經行雲漠漠，龍湫宴坐雨濛濛」之句。此山南有芙蓉峯，峯下芙蓉驛，前瞰大海，然未知鴈蕩龍湫所在。後因伐木，始見此山山頂有大池，相傳以爲鴈蕩，下有二潭水，以爲龍湫。又有經行峽、宴坐峯，皆後人以貫休詩名之也。謝靈運爲永嘉守，凡永嘉山水，遊歷殆遍，獨不言此山，蓋當時未有鴈蕩之名。予觀鴈蕩諸峯，皆峭拔嶮怪，上聳千尺，穹崖巨谷，不類他山，皆包在諸谷中。自嶺外望之，都無所見。至谷中則森然干霄。原其理，當是爲谷中大水衝激沙土盡去，唯巨石巋然挺立耳。如大小龍湫、水簾、初月谷之類，皆是水鑿音漕，去聲。之穴。自下望之則高嵓峭壁，從上觀之適與地平，以至諸峯之頂，亦低於山頂之地面。世間溝壑中水鑿之處，皆有植土龕巖，亦此類耳。今成皐、陝西大澗中，立土動及百尺，迥然聳立，亦鴈蕩具體而微者，但此土彼石耳。既非挺出地上，則爲深谷林莽所蔽，故古人未見。靈運所不至，理不足怪也。

内諸司舍屋，唯祕閣最宏壯。閣下穹隆高敞，相傳謂之「木天」。

嘉祐中，蘇州崑山縣海上有一船，桅折風飄抵岸，船中有三十餘人【二】，衣冠如唐人，繫紅鞓角帶，短皂布衫。見人皆慟哭，語言不可曉。試令書字，字亦不可讀，行則相綴如鴈行。久之自出一書示人，乃唐天祐中告，授乇羅島首領陪戎副尉制【三】。又有一書，乃是上高麗表，亦稱乇羅島，皆用漢字，蓋東夷之臣屬高麗者。船中有諸穀，唯麻子大如蓮的。蘇人種之，初歲亦如蓮的，次年漸小，數年後只如中國麻子。時贊善大夫韓正彦知崑山縣事，召其人，犒以酒食。食罷，以手捧首而驟，意若懽感。正彦使人爲其治桅，桅舊植船木上不可動，工人爲之造轉軸，教其起倒之法，其人又喜，復捧首而驟。

熙寧中，珠輦國使人入貢，乞依本國俗「撒殿」，詔從之。使人以金盤貯珠，跪捧於殿檻之間，以金蓮花酌珠向御座撒之，謂之「撒殿」，乃其國至敬之禮也。朝退，有司埽徹，得珠十餘兩，分賜是日侍殿閤門使副内臣。

方家以磁石磨針鋒則能指南，然常微偏東，不全南也。水浮多蕩摇，指爪及盌脣上皆

【二】船中有三十餘人　「三」原作「一」，據愛盧本、四庫本改。

【三】授乇羅島首領陪戎副尉制　「乇」原作「乇」，據《類苑》卷五八改。下同。

可爲之，運轉尤速，但堅滑易墜，不若縷懸爲最善。其法取新纊中獨繭縷，以芥子許蠟綴于針腰，無風處懸之則針常指南。其中有磨而指北者，予家指南北者皆有之。磁石之指南，猶柏之指西，莫可原其理。

歲首畫鍾馗于門不知起自何時。皇祐中，金陵發一冢，有石誌，乃宋宗慤母鄭夫人。宗慤有妹名鍾馗，則知鍾馗之設亦遠。

信州杉溪驛舍中有婦人題壁數百言，自叙世家本士族，父母以嫁三班奉職鹿生之子，鹿忘其名。娩娠方三日，鹿生利月俸，逼令上道，遂死于杉溪，將死乃書此壁，具逼迫苦楚之狀，恨父母遠，無地赴訴。言極哀切，頗有詞藻，讀者無不感傷。既死，藁葬之驛後山下，行人過此，多爲之憤激，爲詩以弔之者百餘篇。人集之，謂之《鹿奴詩》，其間甚有佳句。鹿生，夏文莊家奴，人惡其貪忍，故斥爲鹿奴。

士人以氏族相高，雖從古有之，然未嘗著盛。自魏氏銓總人物，以氏族相高，亦未專任門地。唯四夷則全以氏族爲貴賤，如天竺以刹利、婆羅門二姓爲貴種，自餘皆爲庶姓，如毗舍、首陁是也，其下又有貧四姓，如工巧、純陁是也。其他諸國亦如是。國主大臣各有種姓，苟非貴種，國人莫肯歸之，庶姓雖有勞能，亦自甘居大姓之下。至今如此。自後魏據中原，此俗遂盛行于中國，故有八氏、十姓、三十六族、九十二姓。凡三世公者曰「膏粱」，有令僕者曰「華腴」，尚書、領護而上者爲「甲姓」，九卿、方伯者爲「乙姓」，散騎常侍、太中大夫者爲「丙姓」，吏部正員郎爲「丁姓」，得入者謂之四姓。其後遷易紛爭，莫能堅定，遂取前世仕籍，定以博陵崔、范陽盧、隴西李、滎陽鄭爲甲族【四】，唐高宗時又增太原王、清河崔、趙郡李，通謂七姓。然地勢相傾，互相排詆，各自著書，盈編連簡，殆數十家，至於朝廷爲之置官譔定。而流習所徇，扇以成俗，雖國勢不能排奪。大率高下五等，通有百家，皆謂之士族，此外悉爲庶姓，婚宦皆不敢與百家齒。隴西李氏乃皇族，亦自列在第三，其重族望如此。一等之内，又如嵩頭盧、澤底李、土門崔、靖恭楊之類，自爲鼎族。其俗至唐末方漸衰息。

茶牙，古人謂之雀舌、麥顆，言其至嫩也。今茶之美者，其質素良，而所植之木又美，則新牙一發，便長寸餘，其細如針，唯牙長爲上品，以其質榦土力皆有餘故也。如雀舌、麥顆者，極下材耳，乃北人不識，誤爲品題。予山居有《茶論》。《嘗茶詩》云：「誰把嫩香名雀舌？定來北客未曾嘗【五】。不知靈草天然異，一夜風吹一寸長。」

閩中荔枝核有小如丁香者，多肉而甘。土人亦能爲之，取荔枝木去其宗根，仍火燔令焦，復種之，以大石抵其根，但令傍根得生。其核乃小，種之不復牙。正如六畜去勢則多肉，而不復有子耳。

元豐中，慶州界生子方蟲，方爲秋田之害，忽有一蟲生，如土中狗蝎，其喙有鉗，千萬蔽地，遇子方蟲則以鉗搏之，悉爲兩段。旬日子方皆盡，歲以大穰，其蟲舊曾有之，土人謂

【四】滎陽鄭爲甲族　「甲」原作「中」，據《類苑》卷五八改。

【五】定來北客未曾嘗　「來」《總龜》前集卷二九作「知」。是。

之「傍不肯」。

養鷹鸇者，其類相語謂之「咊漱」。咊，音以麥反。三舘書有《咊漱》三卷，皆養鷹鸇法度及醫療之術。

處士劉易隱居王屋山，嘗於齋中見一大蜂，罥于蛛網，蛛搏之，爲蜂所螫墜地。俄頃蛛鼓腹欲裂，徐行入草。蛛嚙芋梗微破，以瘡就嚙處磨之，良久腹漸消，輕躁如故。自後人有爲蜂螫者，挼芋梗傅之則愈。

宋明帝好食蜜漬鱁鮧，一食數升。鱁鮧乃今之烏鰂腸也，如何以蜜漬食之？大業中，吴郡貢蜜蟹二千頭，蜜擁劒四瓮。又何嗣嗜糖蟹。大底南人嗜鹹，北人嗜甘。魚蟹加糖蜜，蓋便於北俗也。如今之北方人喜用麻油煎物，不問何物皆用油煎。慶曆中，群學士會於玉堂，使人置得生蛤蜊一簣，令饔人烹之，久且不至。客訝之，使人檢視，則曰：「煎之已焦黑而尚未爛。」坐客莫不大笑。予嘗過親家設饌，有油煎法魚，鱗鬣虬然，無下筯處，主人則捧而横嚙，終不能咀嚼而罷。

漳州界有一水，號「烏脚溪」，涉者足皆如墨，數十里間水皆不可飲，飲則病瘴【六】，行人皆載水自隨。梅龍圖公儀宦州縣時沿牒至漳州，素多病，預憂瘴癘爲害，至烏脚溪使數人肩荷之，以物蒙身，恐爲毒水所霑，兢惕過甚，睢盱矍鑠，忽墜水中，至于没頂乃出之，舉體黑如崑崙，自謂必死。然自此宿病盡除，頓覺康健，無復昔之羸瘵，又不知何也。

【六】飲則病瘴　「則」，愛盧本作「皆」。

北岳常山，今謂之大茂山者是也【七】。半屬契丹，以大茂山分脊爲界，岳祠舊在山下。石晉之後，稍遷近裏，今其地謂之神棚。今祠乃在曲陽，祠北有望岳亭，新晴氣清則望見大茂。祠中多唐人故碑，殿前一亭中有李克用題名，云：「太原河東節度使李克用親領步騎五十萬問罪幽陵，回師自飛狐路即歸鴈門。」今飛狐路在茂之西，自銀冶寨北出倒馬關，度虜界，卻自石門子、令水鋪入缾形【八】、梅回兩寨之間，至代州。今此路已不通。唯北寨西出承天閣路，可至河東，然路極峭狹。太平興國中，車駕自太原移幸常山，乃由土門路，至今有行宫。

鎮陽池苑之盛，冠於諸鎮，乃王鎔時海子園也。鎔嘗館李正威于此。亭館尚是舊物，皆甚壯麗。鎮人喜大言，矜大其池，謂之「潭園」，蓋不知昔嘗謂之「海子」矣。中山人常好與鎮人相雌雄。中山城北園中亦有大池，遂謂之「海子」，以壓鎮之潭園。予熙寧中奉使鎮定。時薛師政爲定帥，乃與之同議，展海子直抵西城中山王冢，悉爲稻田，引新河水注之，清波瀰漫數里，頗類江鄉矣。

【七】北岳常山今謂之大茂山者是也　「山今」原作「岑」，據《類苑》卷五九改。

【八】令水鋪入缾形　「令」，愛廬本、四庫本作「冷」。

校勘記

卷二十五

雜誌二

宣州寧國縣多枳首蛇，其長盈尺，黑鱗白章，兩首文彩同，但一首逆鱗耳。人家庭檻間，動有數十同穴，略如蚯蚓。

太子中允關杞曾提舉廣南西路常平倉，行部邕管，一吏人爲蟲所毒，舉身潰爛。有一醫言能治，呼使視之，曰：「此爲天蛇所螫，疾已深，不可爲也。」乃以藥傅其創，有腫起處以鉗拔之，有物如蛇，凡取十餘條而疾不起。又予家祖塋在錢塘西溪，嘗有一田家忽病癩，通身潰爛，號呼欲絶，西溪寺僧識之，曰：「此天蛇毒耳，非癩也。」取木皮煮飲一斗許，令其恣飲，初日疾減半，兩三日頓愈。驗其木，乃今之秦皮也。然不知天蛇何物。或云：「草間黄花蜘蛛是也。人遭其螫，仍爲露水所濡，乃成此疾。」露涉者亦當戒也。

天聖中，侍御史知雜事章頻使遼，死於虜中。虜中無棺櫬，轝至范陽方就殮。自後遼人常造數漆棺，以銀飾之，每有使人入境則載以隨行，至今爲例。

景祐中，党項首領趙德明卒，其子元昊嗣立，朝廷遣郎官楊告入蕃弔祭。告至其國中，元昊遷延遥立，屢促之，然後至前受詔。及拜起，顧其左右曰：「先王大錯【一】，有國如此，而乃臣屬於人。」既而饗告于廳，其東屋後若千百人鍛聲。告陰知其有異志，還朝，祕不敢言。未幾元昊果叛，其徒遇乞先創造蕃書，獨居一樓上，累年方成，至是獻之。元昊乃改元，制衣冠禮樂，下令國中悉用蕃書、胡禮，自稱大夏。朝廷興師問罪，彌歲，虜之戰士益少，而舊臣宿將，如剛浪唛遇、野利輩，多以事誅，元昊力孤，復奉表稱蕃，朝廷因赦之，許其自新，元昊乃更稱兀卒曩霄。慶曆中，契丹舉兵討元昊，元昊與之戰，屢勝，而契丹至者日益加衆，元昊望之大駭曰：「何如此之衆也？」乃使人行成，退數十里以避之。契丹不許，引兵壓西師陣，元昊又爲之退舍，如是者三，凡退百餘里，每退必盡焚其草萊，契丹之馬無所食，因其退乃許平。元昊遷延數日，以老北師，契丹馬益病，亟發軍攻之【二】，大敗契丹于金肅城，獲其僞乘輿、器服、子婿、近臣數十人而還。先是，元昊後房生一子，曰甯令受。甯令者，華言大王也。其後又納没臧訛哤之妹，生諒祚而愛之。甯令受之母恚忌，欲除没臧氏，授戈于甯令受，使圖之。甯令受間入元昊之室，卒與元昊遇，遂刺之不殊而走，諸大佐没臧訛哤輩仆甯令梟之。明日元昊死，立諒祚，而舅訛哤相之。有梁氏者，其先中國人，爲訛哤子婦，諒祚私焉，日視事于國，夜則從諸没臧氏。訛哤懟甚，謀伏甲梁氏之宫，須其入以殺之。梁氏私以告諒祚，乃使召訛哤，執於内室。没臧，强宗也，子弟族人在外者八十餘人悉誅之，夷其宗。以梁氏爲妻，又命其弟乞埋爲家相，許其

【一】先王大錯　「王」，愛廬本作「皇」。

【二】亟發軍攻之　「發」原作「數」，據愛廬本、四庫本改。

世襲。諒祚凶忍好爲亂，治平中，遂舉兵犯慶州大順城。諒祚乘駱馬，張黄屋，自出督戰，陴者彍弩射之中【三】，乃解圍去，創甚，馳入一佛祠，有牧牛兒不得出，懼伏佛座下，見其脱韡，血涴于踝，使人裹創舁載而去，至其國死。子秉常立，而梁氏自主國事。梁乞埋死，其子移逋繼之，謂之没甯令。没甯令者，華言天大王也。秉常之世，執國政者有嵬名浪遇，元昊之弟也，最老於軍事，以不附諸梁，遷下治而死，存者三人。移逋以世襲居長契，次曰都羅馬尾，又次曰㒒萌訛，略知書，私侍梁氏。移逋、萌訛皆以昵倖進，唯馬尾粗有戰功，然皆庸才。秉常荒孱，梁氏自主兵，不以屬其子。秉常不得志，素慕中國。有李青者，本秦人，亡虜中，秉常昵之，因説秉常以河南歸朝廷，其謀洩。青爲梁氏所誅，而秉常廢。

古人論茶，唯言陽羨、顧渚、天柱、蒙頂之類，都未言建溪。然唐人重串茶粘黑者，則已近乎建餅矣。建茶皆喬木，吴、蜀、淮南唯叢茇而已，品自居下。建茶勝處曰郝源、曾坑，其間又岔根、山頂二品尤勝。李氏時，号爲北苑，置使領之。

信州鉛山縣有苦泉，流以爲澗，挹其水熬之則成膽礬，烹膽礬則成銅，熬膽礬鐵釜，久之亦化爲銅。水能爲銅，物之變化，固不可測。按《黄帝素問》有「天五行，地五行。土之氣在天爲溼，土能生金石，溼亦能生金石」。此其驗也。又石穴中水，所滴皆爲鍾乳殷孽，春秋分時，汲井泉則結石花，大滷之下則生陰精石，皆溼之所化也。如木之氣在天爲風，木能生火，風亦能生火。蓋五行之性也。

【三】陴者彍弩射之中　「陴」原作「牌」，據愛廬本改。

古之節如今之虎符，其用則有圭璋龍虎之别，皆椟將之英蕩是也。漢人所持節乃古之旄也【四】。予在漢東得一玉琥，美玉而微紅，酣酣如醉肌，温潤明潔，或云即玫瑰也。古人有以爲幣者，《春官》「以白琥禮西方」是也。有以爲貨者，《左傳》「加以玉琥二」是也。有以爲瑞節者，山國用虎節是也。

國朝汴渠，發京畿輔郡三十餘縣夫歲一浚。祥符中，閤門祗候使臣謝德權領治京畿溝洫，權借浚汴夫。自爾後三歲一浚，始令京畿民官皆兼溝洫河道，久爲常職。久之治溝洫之工漸弛，邑官徒帶空名，而汴渠有二十年不浚，歲歲堙澱。異時京師溝渠之水皆入汴，舊尚書省都堂壁記云：「疏治八渠，南入汴水」是也。自汴流堙澱，京城東水門下至雍丘、襄邑，河底皆高出堤外平地一丈二尺餘，自汴堤下瞰民居，如在深谷。熙寧中，議改疏洛水入汴，予嘗因出使，按行汴渠，自京師上善門量至泗州淮口，凡八百四十里一百三十步。地勢：京師之地比泗州凡高十九丈四尺八寸六分。於京城東數里白渠中穿井至三丈，方見舊底。驗量地勢，用水平望尺幹尺量之，不能無小差。汴渠堤外，皆是出土故溝水，令相通，時爲一堰節其水。候水平，其上漸淺涸則又爲一堰，相齒如階陛。乃量堰之上下水面相高下之數會之，乃得地勢高下之實。

唐風俗：人在遠或閨門間，則使人傳拜以爲敬。本朝兩浙仍有此俗。客至欲致敬于闈闥，則立使人而拜之。使人入見所禮，乃再拜致命。若有中外則答拜。使人出復拜

【四】漢人所持節乃古之旄也　「旄」原作「族」，據愛盧本、四庫本改。

客，客與之爲禮如賓主。

慶曆中，王君貺使契丹，宴君貺于混融江，觀釣魚。臨歸，戎王置酒謂君貺曰：「南北修好歲久，恨不得親見南朝皇帝兄，託卿爲傳一杯酒到南朝。」乃自起酌酒，容甚恭，親授君貺舉杯，又自鼓琵琶，上南朝皇帝千萬歲壽。先是，戎主之弟宗元爲燕王，有全燕之衆，久畜異謀，戎主恐其陰附朝廷，故特效恭順。宗元後卒以稱亂誅。

潘閬，字逍遥，咸平間有詩名，與錢易、許洞爲友，狂放不羈。嘗爲詩曰：「散拽禪師來蹴踘，亂拖遊女上鞦韆。」此其自序之實也。後坐盧多遜黨亡命，捕跡甚急，閬乃變姓名，僧服入中條山。許洞密贈之詩曰：「潘逍遥，平生才氣如天高。倚天大笑無所懼，天公嗔爾口呶呶。罰教臨老頭補衲，歸中條。我願中條山神鎮長在，驅雷叱電依前趁出這老怪。」後會赦，以四門助教召之，閬乃自歸，送信州安置。仍不懲艾，復爲《埽市舞詞》曰：「出砒霜，價錢可，贏得撥灰兼弄火，暢殺我。」以此爲士人不齒，放弃終身。

江湖間唯畏大風。冬月風作有漸，船行可以爲備。唯盛夏風起于顧盼間，往往罹難。曾聞江國賈人有一術，可免此患。大凡夏月風景須作于午後，欲行船者五鼓初起，視星月明潔，四際至地，皆無雲氣，便可行，至於巳時即止，如此無復與暴風遇矣。國子博士李元規云：「平生遊江湖，未嘗遇風，用此術。」

予使虜，至古契丹界，大薊茇如車蓋，中國無此大者。其地名「薊」，恐其因此也。如楊州宜楊，荆州宜荆之類。荆或爲楚，楚亦荆木之别名也。

刁約使契丹，戲爲四句詩曰：「押燕移離畢，看房賀跋支，餞行三匹裂，密賜十貔貍。」皆紀實也。移離畢，官名，如中國執政官。賀跋支，如執衣防閤。匹裂，小木罌，以色綾木爲之，如黄漆。貔貍，形如鼠而大，穴居食果穀，嗜肉，狄人爲珍膳，味如㹠子而脆。

世傳江西人好訟，有一書名《鄧思賢》，皆訟牒法也。其始則教以侮文，侮文不可得則欺誣以取之，欺誣不可得則求其罪劫之。蓋「思賢」，人名也，人傳其術，遂以之名書。村校中往往以授生徒。

蔡君謨嘗書小吴牋云：「李及知杭州，市《白集》一部，乃爲終身之恨。此君殊清節，可爲世戒。張乖崖鎮蜀，當遨遊時，士女環左右，終三年未嘗回顧。此君殊重厚，可以爲薄夫之檢押。」此帖今在張乖崖之孫堯夫家。予以謂買書而爲終身之恨，近於過激，苟其性如此，亦可尚也。

陳文忠爲樞密，一日日欲没時，忽有中人宣召，既入右掖，已昏黑，遂引入禁中。屈曲行甚久，時見有簾幃、燈燭，皆莫知何處，已而到一小殿【五】，殿前有兩花檻，已有數人先至，皆立廷中，殿上垂簾，蠟燭十餘炬而已，相繼而至者凡七人。中使乃奏班齊，唯記文忠、丁謂、杜鎬三人，其四人忘之。杜鎬時尚爲舘職，良久乘輿自宫中出，燈燭亦不過數十而已，宴具甚盛。卷簾，令不拜，升殿就坐，御座設于席東，設文忠之坐于席西，如常人賓

【五】已而到一小殿　「一」原空缺，據愛盧本、四庫本補。

主之位。堯叟等皆惶恐不敢就位，上宣喻不已，堯叟懇陳自古未有君臣齊列之禮，至于再三。上作色曰：「本爲天下太平，朝廷無事，思與卿等共樂之。若如此，何如就外朝開宴？今日只是宫中供辦，未嘗命有司，亦不召中書輔臣，以卿等機密及文館職任侍臣無嫌，且欲促坐語笑，不須多辭。」堯叟等皆趨下稱謝。上急止之曰：「此等禮數，且皆置之。」堯叟悚慄危坐，上語笑極歡。酒五六行，膳具中各出兩絳囊置群臣之前，皆大珠也。上曰：「時和歲豐，中外康富，恨不得與卿等日夕相會。太平難遇，此物助卿等燕集之費。」群臣欲起謝。上云：「且坐更有。」如是酒三行，皆有所賜，悉良金重寶。酒罷已四鼓，時人謂之「天子請客」。文忠之子述古得於文忠，頗能道其詳，此畧記其一二耳。

關中無螃蟹。元豐中，予在陝西，聞秦州人家收得一乾蠏，土人怖其形狀，以爲怪物，每人家有病瘧者，則借去掛門户上，往往遂差。不但人不識，鬼亦不識也。

丞相陳秀公治第于潤州，極爲閎壯，池館綿亘數百步。宅成，公已疾甚，唯肩輿一登西樓而已。人謂之「三不得」，居不得，修不得，賣不得。

福建劇賊廖恩，聚徒千餘人，剽掠市邑，殺害將吏，江、浙爲之騷然。後經赦宥，乃率其徒首降朝廷，補恩右班殿直，赴三班院候差遣。時坐恩黜免者數十人，一時在銓班叙録，其脚色皆理私罪或公罪，獨恩脚色稱出身以來，並無公私過犯。

曹翰圍江州三年，城將陷，太宗嘉其盡節於所事，遣使喻翰，城下日，拒命之人盡赦之。使人至獨木渡，大風數日不可濟，及風定而濟，則翰已屠江州無遺類，適一日矣。唐吏部尚書張嘉福奉使河北，逆韋之亂，有勑處斬，尋遣使人赦之。使人馬上昏睡，遲行一驛，比至已斬訖。與此相類，得非有命歟？

慶曆中，河北大水，仁宗憂形于色。有走馬承受公事使臣到闕，即時召對，問河北水災何如？使臣對曰：「懷山襄陵。」又問百姓如何？對曰：「如喪考妣。」上默然。既退，即詔閤門：「今後武臣上殿奏事，並須直說，不得過爲文飾。」至今閤門有此條，遇有合奏事人，即預先告示。

予奉使按邊，始爲木圖寫其山川道路。其初偏履山川，旋以麪糊木屑寫其形勢於木案上。未幾寒凍，木屑不可爲，又鎔蠟爲之。皆欲其輕易賫故也。至官所則以木刻上之，上召輔臣同觀，乃詔邊州皆爲木圖，藏於内府。

蜀中劇賊李順陷劒南，兩川、關右震動，朝廷以爲憂。後王師破賊，梟李順收復兩川，書功行賞，了無間言。至景祐中，有人告李順尚在廣州，巡檢使臣陳文璉捕得之，乃真李順也。年已七十餘，推驗明白，囚赴闕，覆按皆實。朝廷以平蜀將士功賞已行，不欲暴其事，但斬順，賞文璉二官，仍閤門祗候。文璉，泉州人。康定中，老歸泉州，予尚識之。文璉家有《李順案款》，本末甚詳。順本味江王小博之妻弟。始王小博反于蜀中，不能撫其徒衆，乃共推順爲主。順初起，悉召鄉里富人大姓，令具其家所有財粟，據其生齒足用之外，一切調發，大賑貧乏，録用材能，存撫良善，號令嚴明，所至一無所犯。時兩蜀大饑，旬日之間，歸之者數萬人。所向州縣，開門延納，傳檄所至，無復完壘。及敗，人尚懷之，故順得脱去，三十餘年乃始就戮。

交趾乃漢、唐交州故地，五代離亂，吴文昌始據安南，稍侵交、廣之地。其後文昌爲丁璉所殺，復有其地。國朝開寶六年，璉初歸附，授静海軍節度使。八年，封交趾郡王。景德元年，土人黎威殺璉自立。三年，威死，安南大亂，久無酋長。其後國人共立閩人李公藴爲主。天聖七年，公藴死，子德政立。嘉祐六年，德政死，子日尊立。自公藴據安南，始爲邊患，屢將兵入寇。至日尊乃僭稱「法天應運崇仁至道慶成龍祥英武睿文尊德聖神皇帝」，尊公藴爲「太祖神武皇帝」，國號大越。熙寧元年，僞改元寶象。次年，又改神武。日尊死，子乾德立，以宦人李尚吉與其母黎氏號鸞鸞太妃，同主國事。熙寧八年，舉兵陷邕、欽、廉三州。九年，遣宣徽使郭仲通、天章閣待制趙公才討之，拔廣源州，擒酋領劉紀，焚甲峒，破机郎、決里，至富良江。尚吉遣王子洪真率衆來拒，大敗之，斬洪真，衆殲于江上，乾德乃降。是時乾德方十歲，事皆制于尚吉。廣源州者，本邕州羈縻。天聖七年，首領儂存福歸附，補存福邕州衛職。轉運使章頻罷遣之，不受其地，存福乃與其子智高東掠籠州，有之七源。存福因其亂，殺其兄率，土人劉川以七源州歸存福。慶曆八年，智高自領廣源州，漸吞滅右江田州一路蠻峒。皇祐元年，邕州人殿中丞昌協奏乞招收智高，不報，廣源州孤立無所歸，交趾覘其隙，襲取存福以歸。智高據州不肯下，反欲圖交趾，不克，爲交人所攻，智高出奔右江文村，具金函表投邕州，乞歸朝廷，邕州陳拱拒不納。明年，智高與其匹盧豹、黎貌、黄仲卿、廖通等拔横山寨入寇，陷邕州，入二廣。及智高敗走，盧豹等收其餘衆歸劉紀，下廣河。至熙寧二年，豹等歸順。未幾復叛從紀。至大軍南征，郭帥遣别將燕達下廣源，乃始得紀，以廣源爲順州。甲峒者，交趾大聚落，主者甲承貴娶李公藴之女，改姓甲氏。承貴之子紹泰又娶德政之女。其子景隆娶日尊之女。世爲婚姻，最爲邊患。自天聖五年，承貴破太平寨，殺寨主李緒。嘉祐五年，紹泰又殺永平寨主李德用，屢侵邊境。至熙寧大舉乃討平之，收隸机郎縣。

太祖朝常戒禁兵之衣，長不得過膝，買魚肉及酒入營門者皆有罪。又制更戍之法，欲其習山川勞苦，遠妻孥懷土之戀，兼外戍之日多，在營之日少，人人少子而衣食易足。又京師衛兵請粮者，營在城東者，即令赴城西倉，在城西者，令赴城東倉。仍不許傭僦車脚，皆須自負，嘗親登右掖門觀之。蓋使之勞力制其驕惰，故士卒衣食無外慕，安辛苦而易使。

青堂羌本吐蕃别族，唐末，蕃將尚恐熱作亂，率衆歸中國，境内離散。國初，有胡僧立遵者，乘亂挾其主籛逋之子唃廝囉東據宗哥邈川城。唃廝羅人號「瑕薩籛逋」者，胡言「贊普」也。唃廝，華言佛也。囉，華言男也。自稱佛男，猶中國之稱天子也。立遵姓李氏，唃厮囉立，立遵與邈川首領温音温反。逋相之，有漢隴西、南安、金城三郡之地，東西二千餘里，宗哥邈川即所謂「三河間」也。祥符九年，立遵與唃厮囉引衆十萬寇邊，入古渭州，知秦州曹瑋攻敗之，立遵歸，乃死。唃厮囉妻李氏，立遵之女也，生二子，曰瞎氊、磨氊角。立遵死，唃厮囉更取喬氏，生子董氊，取契丹之女爲婦。李氏失寵，去爲尼，二子亦去其父，瞎氊居河州，磨氊角居邈川。唃厮囉往來居青堂城。趙元昊叛命，以兵遮厮囉，遂與中國絶。屯田員外郎劉涣獻議通唃厮囉，乃使涣出古渭州，循末邦山至河州國門寺，絶河踰廓州，至青堂，見唃厮囉，授以爵命，自此復通。磨氊角死，唃厮囉復取邈川城，收磨氊角妻子質於結羅城。唃厮囉死，子董氊立，朝廷復授以爵命。瞎氊有子木征，木征者，華言龍頭也。以其唃厮囉嫡孫，昆弟行最長，故謂之「龍頭」【六】，羌人語倒，謂之「頭龍」。瞎氊死，青堂首領瞎藥雞羅及胡僧鹿尊共立之，移居滔山。董氊之甥瞎征，伏羌蕃部李鉞星之子也。與木征不協，其舅李篤氊挾瞎征居結古野反。河，瞎征數與篤氊及沈千族首領常尹丹波合兵攻木征，木征去居安鄉城。有巴欺温者，唃氏族子，先居結羅城，其後稍强，董氊河南之城遂三分：巴欺温、木征居洮河澗，瞎征居結河，董氊獨有河北之地。熙寧五年秋，王子醇引兵始出路骨山，拔香子城，平河州，又出馬蘭州，擒木征母弟結吴叱，破洮州，木征之弟已氊角降，盡得河南熙、河、洮、岷、疊、宕六州之地，自臨江寨至安鄉城東西一千餘里，降蕃户三十餘萬帳。明年，瞎木征降，置熙河路。

【六】故謂之龍頭　「龍頭」原作「頭龍」，據愛廬本改。

范文正常言：史稱諸葛亮能用度外人，用人者莫不欲盡天下之才，常患近己之好惡而不自知也。能用度外人，然後能周大事。

元豐中，夏戎之母梁氏遣將引兵卒至保安軍順寧寨，圍之數重。時寨兵至少，人心危懼。有倡姥李氏，得梁氏陰事甚詳，乃掀衣登陴，抗聲罵之，盡發其私，虜人皆掩耳，併力射之莫能中。李氏言愈醜，虜人度李終不可得，恐且得罪，遂託以他事，中夜解去。鷄鳴狗盜皆有所用，信有之。

宋宣獻博學，喜藏異書，皆手自校讎。常謂：「校書如埽塵，一面埽一面生。故有一書每三四校，猶有脱繆。」

卷二十六

藥議

古方言：雲母麤服，則著人肝肺不可去，如枇杷、狗脊，毛不可食，皆云射入肝肺。世俗似此之論甚多，皆謬説也。又言人有水喉、食喉、氣喉者亦謬説也【一】。世傳《歐希範真五臟圖》亦畫三喉，蓋當時驗之不審耳。水與食同嚥，豈能就口中遂分入二喉【二】？人但有咽有喉二者而已，咽則納飲食，喉則通氣。咽則下入胃脘，次入胃，又次入腸，又次入大小腸。喉則下通五臟，出入息，五臟之含氣呼吸正如冶家之鼓鞴。人之飲食藥餌，但自咽入腸胃，何嘗能至五臟？凡人之肌骨、五臟、腸胃雖各别，其入腸之物，英精之氣味皆能洞達，但滓穢即入二腸。凡人飲食及服藥既入腸，爲真氣所蒸，英精之氣味以至金石之精者，如細研硫黄、朱砂、乳石之類，凡能飛走融結者，皆隨真氣洞達肌骨，猶如天地之氣貫穿金石土木，曾無留礙。自餘頑石草木，則但氣味洞達耳。及其勢盡，則滓穢傳入大腸，潤濕滲入小腸，此皆敗物，不復能變化，惟當退洩耳。凡所謂某物入肝，某物入腎之類，但氣味到彼耳，凡質豈能至彼哉。此醫不可不知也。

校勘記

【一】水喉食喉氣喉者亦謬説也　「食喉」兩字原脱，據《良方》卷一《論臟腑》補。

【二】豈能就口中遂分入二喉　「口」原脱，據同前補。

予集《靈苑方》，論雞舌香以爲丁香母，蓋出陳氏《拾遺》，今細考之尚未然。按《齊民要術》云：「雞舌香，世以其似丁子，故一名丁子香。」即今「丁香」是也。《日華子》云：「雞舌香，治口氣。」所以三省故事：郎官日含雞舌香，欲其奏事對答其氣芬芳。此正謂丁香治口氣，至今方書爲然。又古方：五香連翹湯用雞舌香。《千金》：五香連翹湯無雞舌香，卻有丁香。此最爲明驗。《新補本草》又出丁香一條，蓋不曾深考也。今世所用雞舌香，乳香中得之，大如山茱萸，剉開中如柹核，略無氣味。以治疾，殊極乖謬。

舊説有「藥有一君、二臣、三佐、五使」之説。其意以謂藥雖衆，主病者專在一物，其他則節級相爲用，大略相統制，如此爲宜。不必盡然也。所謂君者，主此一方者固無定物也。《藥性論》乃以衆藥之和厚者定以爲君，其次爲臣、爲佐，有毒者多爲使。此謬説也。設若欲攻堅積，如巴豆輩，豈得不爲君哉。

金罌子止遺洩，取其溫且澀也。世之用金罌者待其紅熟時取汁熬膏用之，大誤也。紅則味甘，熬膏則全斷澀味，都失本性。今當取半黄時採，乾搗末用之。

湯、散、丸各有所宜。古方用湯最多，用丸、散者殊少。煑散古方無用者，唯近世人爲之。大體欲達五臟四肢者莫如湯【三】，欲留膈胃中者莫如散，久而後散者莫如丸。又無毒者宜湯，小毒者宜散，大毒者須用丸。又欲速者用湯，稍緩者用散，甚緩者用丸。此其大槩也。近世用湯者全少，應湯皆用煑散。大率湯劑氣勢完壯，力與丸、散倍蓰。煑散者

【三】大體欲達五臟四肢者莫如湯　「大」原作「本」，據愛廬本、《良方》卷一《論湯散》改。

一啜不過三五錢極矣，比功較力，豈敵湯勢？然湯既力大則不宜有失。消息用之，全在良工，難可以定論拘也。

古法，採草藥多用二月、八月，此殊未當。但二月草已芽，八月苗未枯，採掇者易辨識耳，在藥則未爲良時。大率用根者，若有宿根須取無莖葉時採，則津澤皆歸其根。欲驗之，但取蘆菔、地黄輩觀，無苗時採則實而沉，有苗時採則虚而浮。其無宿根者，即候苗成而未有花時採，則根生已足而又未衰。如今之紫草，未花時採則根色鮮澤，過而採則根色黯惡，此其效也。用葉者，取葉初長足時；用芽者，自從本説；用花者，取花初敷時；用實者，成實時採。皆不可限以時月。緣土氣有早晚，天時有愆伏。如平地三月花者，深山中則四月花。白樂天《遊大林寺》詩云：「人間四月芳菲盡，山寺桃花始盛開。」蓋常理也。此地勢高下之不同也。如筀竹笋有二月生者，有三四月生者【四】，有五月方生者謂之晚筀。稻有七月熟者，有八九月熟者，有十月熟者謂之晚稻。一物同一畦之間，自有早晚，此物性之不同也【五】。嶺、嶠微草凌冬不凋，并、汾喬木望秋先隕，諸越則桃李冬實，朔漠則桃李夏榮，此地氣之不同。一畝之稼則糞漑者先芽，一丘之禾則後種者晚實，此人力之不同也。豈可一切拘以定月哉。

《本草注》：「橘皮味苦，柚皮味甘。」此誤也。柚皮極苦，不可向口，皮甘者乃橙耳。

按《月令》：「冬至麋角解，夏至鹿角解。」陰陽相反如此。今人用麋鹿茸作一種，殆

【四】有三四月生者　「三」原脱，據《良方》卷一《論採藥》補。

【五】此物性之不同也　「物」原脱，據同前補。

踈也。又有刺麋鹿血以代茸，云：「茸亦血耳。」此大誤也。竊詳古人之意，凡含血之物肉差易長，其次筋難長，最後骨難長。故人自胚胎至成人，二十年骨髓方堅。唯麋角自生至堅，無兩月之久，大者乃重二十餘斤，其堅如石，計一晝夜須生數兩，凡骨之頓成長，神速無甚於此，雖草木至易生者亦無能及之。此骨之至强者，所以能補骨血，堅陽道，强精髓也，豈可與凡血爲比哉。麋茸利補陽，鹿茸利補陰。凡用茸無樂太嫩，世謂之「茄子茸」，但珍其難得耳，其實少力。堅者又太老，唯長數寸，破之肌如朽木，茸端如馬瑙紅玉者最善【六】。又北方戎狄中有麋麖駝麈【七】，極大而色蒼。尻黃而無班【八】，亦鹿之類。角大而有文，瑩瑩如玉，其茸亦可用【九】。

枸杞，陝西極邊生者，高丈餘，大可作柱，葉長數寸，無刺，根皮如厚朴，甘美異於他處者。《千金翼》云：「甘州者爲真，葉厚大者是。」大體出河西諸郡，其次江池間埂上者。實圓如櫻桃，全少核。暴乾如餅，極膏潤有味。

淡竹對苦竹爲文，除苦竹外悉謂之淡竹，不應別有一品謂之淡竹。後人不曉，於《本草》內別疏淡竹爲一物。今南人食筍有苦筍、淡筍兩色，淡筍即淡竹也。

東方南方所用細辛，皆杜衡也，又謂之「馬蹄香」。色黃白【一〇】，拳局而脆，乾則作團，非細辛也。細辛出華山，極細而直，深紫色，味極辛，嚼之習習如椒，其辛更甚於椒。故《本草》云：「細辛水漬令直。」是以杜衡僞爲之也。襄、漢間又有一種細辛，極細而直，

【六】茸端如馬瑙紅玉者最善　「馬」，愛盧本、《良方》卷一《論鹿茸麋茸》作「瑪」。

【七】又北方戎狄中有麋麖駝麈　「駝麈」原作「麈駝鹿」，據《良方》卷一《論鹿茸麋茸》删改。

【八】尻黃而無班　「尻」原作「鹿」，據《良方》卷一《論鹿茸麋茸》改。

【九】角大而有文瑩瑩如玉其茸亦可用　《良方》卷一《論鹿茸麋茸》作大字。「瑩瑩」，《良方》作「堅瑩」。

【一〇】色黃白　「色」原作「也」，據《良方》卷一《論細辛》改。

色黄白，乃是「鬼督郵」，亦非細辛也。

《本草注》引《爾雅》云：「蘦，大苦。」注：「甘草也，蔓延生，葉似荷，莖青赤【一一】。」此乃黄藥也，其味極苦，謂之大苦，非甘草也。甘草枝葉悉如槐，高五六尺，但葉端微尖而糙澁，似有白毛，實作角生，如相思角，作一本生，熟則角坼，子如小匾豆，極堅，齒嚙不破。

胡麻直是今油麻，更無他説，予已於《靈苑方》論之。其角有六棱者，有八棱者。中國之麻今謂之「大麻」是也，有實爲苴麻，無實爲枲麻【一二】，又曰「牡麻」。張騫始自大宛得麻油之種，亦謂之麻，故以胡麻别之，謂漢麻爲大麻也。

赤箭即今之天麻也。後人既誤出天麻一條，遂指赤箭别爲一物，既無此物，不得已又取天麻苗爲之，滋僞不然【一三】。《本草》明稱採根陰乾，安得以苗爲之？草藥上品，除五芝之外，赤箭爲第一。此神仙補理養生上藥。世人惑於天麻之説，遂止用之治風，良可惜哉。以謂其莖如箭，既言赤箭，疑當用莖，此尤不然。至如鳶尾、牛膝之類，皆謂莖葉有所似，則用根耳，何足疑哉。

地菘即天名精也。世人既不識天名精，又妄認地菘爲火蘝，《本草》又出鶴虱一條，都成紛亂。今按地菘即天名精，蓋其葉似菘又似名精，名精即蔓精也。故有二名，鶴虱即其實也。世間有單服火蘝法，乃是服地菘耳，不當用火蘝。火蘝，《本草》名稀蘝，即是猪膏苗，後人不識，亦重複出之。

【一一】莖青赤　原作「青莖赤」，據愛盧本乙正。

【一二】無實爲枲麻　「麻」原脱，據《良方》卷一《論胡麻》補。

【一三】滋僞不然　「僞」，愛盧本、《良方》卷一《論赤箭》作「爲」。

《南燭草木記》傳《本草》，所説多端，今少有識者。爲其作青精飯色黑，乃誤用烏臼爲之，全非也。此木類也，又似草類，故謂之「南燭草木」【一四】，今人謂之「南天燭」者是也。南人多植於廷檻之間，莖如蒴藋，有節，高三四尺，廬山有盈丈者，葉微似楝而小，至秋則實赤如丹。南方至多。

太陰玄精，生解州鹽澤大滷中，溝渠土内得之。大者如杏葉，小者如魚鱗，悉皆六角【一五】，端正如龜甲，其裙襴小墮【一六】，其前則下剡，其後則上剡，正如穿山甲相掩之處，全是龜甲，更無異也。色緑而瑩徹，叩之則直理而折，瑩明如鑑，折處亦六角，如柳葉，火燒過則悉解析薄如柳葉，片片相離，白如霜雪，平潔可愛。此乃禀積陰之氣凝結，故皆六角。今天下所用玄精，乃絳州山中所出絳石耳，非玄精也。楚州鹽城古鹽倉下土中又有一物，六棱，如馬牙消【一七】，清瑩如水晶，潤澤可愛，彼方亦名「太陰玄精」，然喜暴潤如鹽鹼之類。唯解州所出者爲正。

稷乃今之穄也，齊、晉之人謂即、積皆曰「祭」，乃其土音，乃無他義也。《本草》注云【一八】：「又名穈子。」穈子乃黍屬。《大雅》：「維秬維秠，維穈維芑。」秬、秠、穈、芑皆黍屬。以色别，丹黍謂之穈。穈，音門。今河西人用穈字而音穈。

苦躭即《本草》酸漿也【一九】。《新集本草》又重出苦躭一條。河西番界中酸漿有盈丈者。

【一四】南燭草木　「燭」原脱，據《良方》卷一《論南燭草木》補。

【一五】悉皆六角　「六」原作「尖」，據《良方》卷一《論太陰玄精》改。

【一六】其裙襴小墮　「墮」，愛盧本作「橢」。

【一七】如馬牙消　「消」，愛盧本、《良方》卷一《論太陰玄精》作「硝」。

【一八】本草注云　「注」原作「左」，據愛盧本、《良方》卷一《論稷米》改。

【一九】苦躭即本草酸漿也　「躭」原作「耽」，據《良方》卷一《論苦躭》改。下同。

今之蘇合香如堅木，赤色。又有蘇合油如糯膠，今多用此爲蘇合香。按劉夢得《傳信方》用蘇合香云：「皮薄，子如金色，按之即少【二〇】，放之即起，良久不定如蟲動烈者佳也。」如此則全非今所用者。更當精考之。

薰陸即乳香也，本名「薰陸」，以其滴下如乳頭者謂之「乳頭香」，鎔塌在地上者謂之「塌香」。如臘茶之有滴乳、白乳之品，豈可各是一物？

山豆根味極苦，《本草》言「味甘」者，大誤也。

蒿之類至多，如青蒿一類，自有兩種，有黄色者，有青色者，《本草》謂之「青蒿」，亦恐有別也。陝西綏、銀之間有青蒿，在蒿叢之間時有一兩株，迥然青色，土人謂之「香蒿」，莖葉與常蒿悉同，但常蒿色緑而此蒿色青翠，一如松檜之色。至深秋【二一】，餘蒿並黄，此蒿獨青，氣稍芬芳。恐古人所用以此爲勝。

按文蛤即吴人所食花蛤也，魁蛤即車螯也。海蛤今不識，其生時但海岸泥沙中得之。大者如棊子，細者如油麻，粒黄白或赤相雜，蓋非一類。乃諸蛤之房，爲海水礲礪光瑩，都非舊質。蛤之屬，其類至多。房之堅久瑩潔者皆可用，不適指一物，故通謂之「海蛤」耳。

今方家所用漏蘆，乃飛廉也，飛廉一名漏蘆，苗似箬葉【二二】，根如牛蒡綿頭者是也。採時用根。今閩中所用漏蘆，莖如油麻，高六七寸，秋深枯黑如漆，採時用苗。《本草》自有條，正謂之漏蘆。

【二〇】按之即少　「少」，愛盧本作「小」。

【二一】至深秋　「秋」原脱，據愛盧本、《良方》卷一《論青蒿》補。

【二二】苗似箬葉　「箬葉」，愛盧本、《良方》卷一《論漏蘆》作「苦芙」。

《本草》所論赭魁皆未詳審。今赭魁南中極多，膚黑肌赤，似何首烏，切破，其中赤白理如檳榔，有汁赤如赭，南人以染皮製韡，閩、嶺人謂之「餘粮」。《本草》「禹餘粮」注中所引，乃此物也。

石龍芮，今有兩種，水中生者葉光而末圓，陸生者葉毛而末鋭。入藥用水生者【二三】。陸生亦謂之「天灸」，取少葉揉繫臂上，一夜作大泡如火燒者，是也。

麻子，海東來者最勝，大如蓮實，出屯羅島【二四】。其次上郡北地所出，大如大豆亦善。其餘皆下材。用時去殼，其法取麻子帛包之，沸湯中浸，候湯冷，乃取懸井中一夜，勿令著水，明日日中暴乾，就新瓦上輕挼，其殼悉解，簸揚取肉，粒粒皆完。

【二三】入藥用水生者 「水生」原作「生水」，據愛盧本、《良方》卷一《論龍芮》改。

【二四】出屯羅島 「屯」，《良方》卷一《論麻子》作「拓」。

跋（湯脩年）

廣陵曩丁雲擾，幸存黌宫兩廡，析爲官舍、儲粟之所，士皆暴露，時有《子衿》之歎。大帥周侯開藩之二年，慨然謂成俗之方，本乎禮義，學宫又禮義之本。一日，盡屏官舍儲廩于外，因其舊，扶顛易圮而新之，繼廣田租，稍增生員，尋又斥其餘刊沈公《筆談》，爲養士亡窮之利。今方領侈袂，彬彬然禮義之風，皆昔之在城闕者也。夫教養相須，既教而養之蔑如，雖唐、虞不能以化民，此稷、契二官所以相爲表裏也。今既闢絃歌之地，又開資給之源，可謂教養兼得矣。此書公庫舊有之，往往貿易以充郡帑，不及學校。今茲及是，益見薄於己而厚於士，賢前人遠矣。脩年代匱泮宫，備校書之職，謹識其本末，且證辨訛舛，凡五十餘字，疑者無他本，不敢以意驟易，姑存其舊，以俟好古博雅君子。《筆談》所紀皆祖宗盛時典故，卿相太平事業，及前世製作之美。雖目見耳聞者，皆有補於世，非他雜誌之比云。乾道二年六月日，左迪功郎充揚州州學教授湯脩年跋。

跋（張元濟）

此爲明代覆宋乾道二年揚州州學教授湯脩年刊本。滂喜齋潘氏有宋刻本，半葉十二行，行十八字，與此同。儀顧堂陸氏亦有宋刻，惟行款不合，然其跋文所舉宋諱各字，如卷七「六壬」節「登明」下之注：「登字，避仁宗嫌名。」卷十二「本朝茶法」節，卷十三「曹南院」節之「瑋」字，又卷十三「予友人有任術者」節之「慎」字，卷二十六「麻子」節之「完」字，此均爲字不成。其他如玄、匡、胤、驚、鏡、貞、構諸字及軒轅二字亦多缺筆。是均可爲源出宋刻之證，正不能以其爲明刻而輕之也。然世人多有認爲宋刻者，故特爲辨明於此。

海鹽張元濟。

◉沈括 撰

補筆談 續筆談

胡静宜 整理

重編補筆談序

世所傳《補筆談》，每篇首必題所補之卷，又有「前幾件」及「中」與「後」之分。如「補第二卷後十件」之類。似非後人所得而創，其爲舊本無疑。原書二十六卷，不補者十，餘各有補。今以其書考之多不合，如「故事不御前殿」云云十件補第二卷，既然矣。次則「廊屋爲廡梓榆爲檏」二件亦補第二卷，第二卷乃故事，豈謂是乎？猶可解者或三卷之譌爲二，乃若「子午屬寅」本論納甲語，而以補六卷之樂律，何邪？「盧肇論海潮」當補象數，今以補第九，第九乃人事，於海潮何預焉？「王子醇樞密帥熙河日」六件大氐皆權智，當補十三卷，而屬十五，十五藝文也。凡此類不可悉舉。又若原書止二十六卷，今其所補有自二十七以至三十者，益不可曉。疑此雖舊本，或沿襲日久，舛譌特甚。譬之遠年架閣文字，其格式非有變革，而風雨浸淫，蟲鼠蠹蝕其間，若年月之久近，數目之多寡，漸不可辯，而後之胥吏或以意爲補綴，豈非毫釐之差者乎？然則當何如？曰：「參伍故籍，鉤稽見數。通行打算，別自攢造，此籍乃可行耳。」語云：「琴瑟不調甚者，必舉而更張之。」予師此意，盡去所補卷第及前、中、後件之名，而悉以原書十七目從事。所言故事直以補故事，辯證也直以補辯證，以至樂律、象數、官政、權智、藝文、器用、異事、雜志、藥議等目皆然。目自爲補，複者削之，疑者闕，釐爲三卷，然後粲然可考。蓋古人之書原無定卷，即以《筆談》言之。《通考》二十六卷，今所行者是。《宋史》則二十五卷，鄭樵《通志·藝文略》則二十卷。分并不恒，有如此者。世所傳補卷第，既與《通考》不合，而《宋史》、《通志》之所載卷第各別，今皆不傳，又不知其孰補。此吾所以放筆而爲之更定也。巽甫題。

補筆談　續筆談目録

校勘記

卷一

故事

故事：不御前殿，則宰相一員押常參官再拜而出。神宗初即位，宰相奏事多至日晏。韓忠獻當國，遇奏事退晚即依舊例，一面放班，未有著令。王樂道爲御史中丞，彈奏語過當，坐謫陳州。自此令宰臣奏事至辰時未退，即一面放班，遂爲定制。

故事：升朝官有父致仕，遇大禮則推恩遷一官，不增俸。熙寧中，張丞相杲卿以太子太師致仕，用子蔭當遷僕射，廷議以爲執政官非可以子蔭遷授，罷之。前兩府致仕不以蔭遷官，自此始。

故事：初授從官給諫，未衣紫者，告謝日面賜金紫。何聖從在陝西就任除待制，仍舊衣緋，後因朝闕，值大宴殿上，獨聖從衣緋，仁宗問所以，中筵起乃賜金紫。遂服以就坐。近歲許冲元除知制誥，猶著緑，告謝日，面賜銀緋。後數日，別因對，方賜金紫。

自國初以來未嘗御正衙視朝。百官辭見，必先過正衙。正衙既不御，但望殿兩拜而出，別日卻赴内朝。熙寧中草「視朝儀」，獨不立見辭謝班。正御殿日卻謂之「無正衙」，須候次日依前望殿虚拜，謂之「過正衙」。蓋闕文也。

熙寧三年，召對翰林學士承旨王禹玉於内東門小殿，夜深，賜銀臺燭，雙引歸院。

夏鄭公爲忠武軍節度使，自河東中徙知蔡州。道經許昌時，李獻臣爲守，乃徙居他室，空使宅以待之，時以爲知體。慶曆中，張鄧公還鄉，過南陽，范文正公亦虚室以待之，蓋以其國爵也。遂守爲故事。

國朝儀制，親王玉帶不佩魚。元豐中，上特制玉魚袋，賜揚王、荆王施於玉帶之上。

舊制：館職自校勘以上，非特除者皆先試，唯檢討不試。初置檢討官，只作差遣，未比館職故也。後來檢討給職錢，並同帶職在校勘之上，亦承例不試。

舊制：侍從官學士以上方腰金。元豐初，授陳子雍以館職，使高麗，還除集賢殿修撰，賜金帶。館職腰金出特恩，非故事也。

今之門狀，稱「牒件狀如前，謹牒」。此唐人都堂見宰相之禮。唐人都堂見宰相，或參辭謝□事□先具事因，申取處分。有非一事，故稱「件狀如前」，宰相狀後判引，方許見。後人漸施於執政私第。小説記施於私第，自李德裕始。近世諂敬者無高下，一例用之，謂之「大狀」。予曾見白樂天詩稿，乃是新除壽州刺史李忘其名。門狀，其前序住京因宜及改易差遣數十言，其末乃言謹祗候辭某官。至如稽首之禮，唯施於人君，大夫家臣不稽首，避人君也。今則雖交遊皆稽首，此皆生於諂事上官者，始爲流傳，至今不可復革。

辯證

今人多謂廊屋爲「廡」【一】。按《廣雅》：「堂下曰廡。」蓋堂下屋簷所覆處，故曰「立於廡下」。凡屋基皆謂之「堂」，廊簷之下亦得謂之「廡」，但廡非廊耳。至如今人謂兩廊爲「東西序」，亦非也。序乃堂上東西壁，在室之外者。序之外謂之「榮」，榮，屋翼也，今之兩徘徊，又謂之「兩厦」。四柱屋則謂之「東西霤」，今謂之「金厢道」者，是也。

梓榆，南人謂之「樸」，齊、魯間人謂之「駮馬」。駮馬，即梓榆也。南人謂之樸，樸亦言駮也，但聲之譌耳。《詩》「隰有六駮」是也。陸璣《毛詩疏》：「檀木皮似繫迷，又似駮馬。人云：『斫檀不諦得繫迷，繫迷尚可得駮馬。』」蓋三木相似也。今梓榆皮甚似檀，以其班駮似馬之駮者。今解《詩》用《爾雅》之説，以爲「獸鋸牙，食虎豹」，恐非也。獸，動物，豈常止於隰者？又與苞櫟、苞棣、樹檖非類，直是當時梓榆耳。

自古言「楚襄王夢與神女遇」。以《楚辭》考之，似未然。《高唐賦》序云：「昔者先王嘗遊高唐，怠而晝寢，夢見一婦人曰：『妾巫山之女也，爲高唐之客，朝爲行雲，暮爲行雨。』故立廟號爲朝雲。」其曰「先王嘗遊高唐」，則夢神女者懷王也，非襄王也。又《神女賦》序曰：「楚襄王與宋玉遊於雲夢之浦，使玉賦高唐之事。其夜王寢，夢與神女遇，王異之，明日以白玉，玉曰：『其夢若何？』对曰：『晡夕之後，精神怳惚，若有所憙，見一婦

【一】今人多謂廊屋爲廡　「謂」，四庫本作「以」。

人，狀甚奇異。』玉曰：『狀如何也？』王曰：『茂矣，美矣，諸好備矣；盛矣，麗矣，難測究矣。瓌姿瑋態，不可勝讚。』王曰：『若此盛矣，試爲寡人賦之。』」以文考之，所云「茂矣」至「不可勝讚」云云，皆王之言也，宋玉稱歎之可也。不當卻云「王曰：『若此盛矣，試爲寡人賦之。』」又曰：「明日以白玉。」人君與其臣語，不當稱「白」。又其賦曰：「他人莫覩，玉覽其狀。望余帷而延視兮，若流波之將瀾。」若宋玉代王賦之，若玉之自言者，則不當自云：「他人莫覩，玉覽其狀。」既稱「玉覽其狀」，即是宋玉之言也。又不知稱余者誰也。以此考之，則「其夜王寢夢與神女遇」者，「王」字乃「玉」字耳。「明日以白玉」者，以白王也。王與玉字誤書之耳。前日夢神女者懷王也，其夜夢神女者宋玉也。襄王無預焉，從來枉受其名耳。

《唐書》載：「武宗寵王才人，嘗欲以爲皇后。帝寢疾，才人侍左右，熟視曰：『吾氣奄奄，顧與汝辭，奈何？』對曰：『陛下萬歲後，妾得一殉。』及大漸，審帝已崩，即自經於幄下。宣帝即位，嘉其節，贈賢妃。」按李衛公《文武兩朝獻替記》云：「自上臨御，王妃有專房之寵，以嬌妬忤旨，日夕而殞，羣情無不驚懼，以謂上成功之後喜怒不測。」與《唐書》所載全別。《獻替記》乃德裕手自記録，不當差謬。其書王妃之死固已不同。據《獻替記》所言則王氏爲妃久矣，亦非宣宗即位，乃始追贈。按《張祜集》有《孟才人歎》一篇，其序曰：「武宗皇帝疾篤，遷便殿，孟才人以歌笙獲寵者，密侍其右，上目之曰：『吾當不諱，爾何爲哉。』指笙囊泣曰：『請以此就縊。』上憫然。復曰：『妾嘗藝歌，願對上歌一曲以泄其憤。』上以其懇，許之。乃歌一聲《何滿子》，氣亟立殞。上令醫候之，曰：『脈尚温而腸已絶。』」詳此，則《唐書》所載者又疑其孟才人也。

建茶之美者號「北苑茶」。今建州鳳凰山，土人相傳謂之「北苑」，言江南嘗置官領之，謂之「北苑使」。予因讀《李後主文集》有《北苑詩》及《文苑紀》，知北苑乃江南禁苑，在金陵，非建安也。江南北苑使正如今之内園使。李氏時有北苑使，善製茶，人競貴之，謂之「北苑茶」，如今茶器中有學士甌之類，皆因人得名，非地名也。丁晉公爲《北苑茶録》云：「北苑，地名也，今曰龍焙。」又云：「苑者，天子園囿之名。此在列郡之東隅，緣何卻名北苑？」丁亦自疑之，蓋不知北苑茶本非地名。始因誤傳，自晉公實之於書，至今遂謂之北苑。

唐以來士人文章好用古人語而不考其意。凡説武人，多云「衣短後衣」。不知短後衣作何形製。短後衣出《莊子·説劍》篇。蓋古之士人衣皆曳後，故時有衣短後之衣者。近世士庶人衣皆短後，豈復更有短後之衣。

班固論司馬遷爲《史記》：「是非頗謬於聖人，論大道則先黄老而後《六經》，序《游俠》則退處士而進姦雄，述《貨殖》則崇勢利而羞貧賤，此其蔽也。」予按後漢王允曰：「武帝不殺司馬遷，使作謗書，流於後世。」班固所論乃所謂謗也。此正是遷之微意。凡《史記》次序説論皆有所指，不徒爲之。班固乃譏遷「是非頗謬於聖賢」，論甚不款【二】。

人語言中有不字可否世間事，未嘗離口也，而字書中須讀作「否」音也。若謂古今言音不同，如云「不可」，豈可謂之「否可」？「不然」豈可謂之「否然」？古人曰「否，不然也」，豈可曰「否，否然也」？古人言音，決非如此，止是字書謬誤耳。若讀《莊子》「不可乎不可」，須云「否可」，讀《詩》須云「曷否肅雍」、「胡否佽焉」，如此全不近人情。

古人謂章句之學，謂分章摘句，則今之疏義是也。昔人有鄙章句之學者，以其不主於義理耳。今人或謬以詩賦聲律爲章句之學，誤矣。然章句不明，亦所以害義理。如《易》云「終日乾乾」，兩乾字當爲兩句，上乾知至至之，下乾知終終之也。「王臣蹇蹇」，兩蹇字爲王與臣也。九五、六二，王與臣皆處蹇中，王任蹇者也，臣或爲冥鴻可也，六二所以不去者，以應乎五故也，則六二之蹇，匪躬之故也。後人又改「蹇蹇」字爲「謇」，以「謇謇」比「諤諤」，尤爲譌謬。「君子夬夬」，夬夬二義也。以義決其外，勝己之私於内也。凡卦名而重言之，皆兼上下卦，如「來之坎坎」是也。先儒多以爲連語，如虩虩、啞啞之類讀之，此誤分其句也。又「履虎尾咥人凶」，當爲句。君子則夬夬矣，何咎之有，况於凶乎？「自天祐之吉」當爲句，非吉而利則非所當祐也。《書》曰：「成湯既没，太甲元年。」孔安國謂：「湯没，至太甲方稱元年。」按《孟子》，成湯之後尚有外丙、仲壬，而《尚書疏》非之。又或謂古書缺落，文有不具。以予考之，《湯誓》、《仲虺之誥》皆成湯時誥命【三】，湯

【二】論甚不款　「款」，四庫本作「歉」，學津本作「慊」。

【三】仲虺之誥皆成湯時誥命　四庫本「仲虺之誥」後有「湯誥」兩字。

没，至太甲元年，始復有《伊訓》著於書，自是孔安國離其文於「太甲元年」下注之，遂若可疑。若通下文讀之曰：「成湯既没，太甲元年，伊尹作《伊訓》。」則文自足，亦非缺落。堯之終也，百姓如服考妣之喪三年，百姓有命者也，爲君斬衰，禮也。邦人無服三年，四海無作樂者，况畿内乎？《論語》曰「先行」，當爲句，其言自當後也。似此之類極多，皆義理所繫則章句亦不可不謹。

古人引《詩》多舉《詩》之斷章。斷音「段」，讀如斷截之「斷」，謂如一詩之中，只斷取一章或一二句取義，不取全篇之義，故謂之「斷章」。今之人多讀爲斷章，斷音「鍛」，謂詩之斷句，殊誤也。詩之末句，古人只謂之「卒章」，近世方謂「斷句」。

古人謂幣，言「玄纁五兩」者，一玄一纁爲一兩。玄，赤黑，象天之色；纁，黄赤，象地之色。故天子六服皆玄衣纁裳，以朱清、丹秫染之。《爾雅》曰：「一染謂之縓。」縓，今之茜也，色小赤。「再染謂之竀。」竀，赬也。「三染謂之纁。」蓋黄赤色也。玄、纁二物也。今之用幣，以皁帛爲玄纁，非也。古之言束帛者，以五匹屈而束之，今用十匹者，非也。《易》曰：「束帛戔戔。」戔戔者，寡也，謂之盛者非也。

《經典釋文》，如熊安生輩，本河朔人，反切多用北人音，陸德明吴人，多從吴音，鄭康成齊人，多從東音。如「璧有肉好」，肉音揉者，北人音也。「金作贖刑」，贖音樹者，亦北人音也。至今河朔人謂肉爲揉，謂贖爲樹。如「打」字，音丁梗反，「罷」字，音部買反，皆吴音也。如「瘍醫祝藥劀殺之齊」，祝，音呪，鄭康成改爲「注」，此齊魯人音也。至今齊謂注爲呪。官名中尚書本秦官，尚音上，謂之「尚書」者秦人音也。至今秦人謂尚爲「常」。

樂律

興國中，琴待詔朱文濟鼓琴爲天下第一。京師僧慧日大師夷中盡得其法，以授越僧義海。海盡夷中之藝，乃入越州法華山習之，謝絶過從，積十年不下山，晝夜手不釋弦，遂窮其妙。天下從海學琴者輻輳，無有臻其奥。海今老矣，指法於此遂絶。海讀書，能爲文【四】，士大夫多與之遊，爲獨以能琴知名。海之藝不在於聲，其意韻蕭然，得於聲外，此衆人所不及也。

十二律，每律名用各别。正宫大石調、般涉調七聲，宫、羽、商、角、徵【五】、變宫、變徵也。今燕樂二十八調，用聲各别。正宫大石調、般涉調皆用九聲，高五、高凡、高工、尺、上、高一、高四、句、合，大石同此，加下五，共十聲。中吕雙調、中吕調皆用九聲，緊五、下五、下凡、工、尺、上、下一、下四、六、合，雙角同此，加高一，共十聲。高宫、高般涉皆用九聲，下五、下凡、工、尺、上、下一、下四、六、合，高大石角同此，加高四，共十聲。道調宫、小石調、正平調皆用九聲，高五、高凡、高工、尺、上、高一、下四、六、合，小石角加句字，共十聲。南吕宫歇指調、南吕調皆用七聲，下五、高凡、高工、尺、高一、高四、句，歇指角加下工，共

【四】能爲文　「爲」原作「然」，據四庫本、學津本改。

【五】宫羽商角徵　「羽」，原作「與」，《周禮·春官·大師》：「五聲宫、商、角、徵、羽。」據改。

八聲。仙吕宫、林鍾商、仙吕調皆用九聲，緊五、下凡、工、尺、上、下一、高四、六、合，林鍾角加高工，共十聲。黄鍾宫、越調黄鍾羽皆用九聲，高五、下凡、高工、尺、上、高一、高四、六、合，越角加高凡，共十聲。外則爲犯。燕樂七宫：正宫、高宫、中吕宫、道調宫、南吕宫、仙吕宫、黄鍾宫。七商：越調、大石調、高大石調、雙調、小石調、歇指調、林鍾商。七角：越角、大石角、高大石角、雙角、小石角、歇指角、林鍾角。七羽：中吕調、南吕調、又名高平調。仙吕調、黄鍾羽、又名大石調。般涉調、高般涉、正平調。

十二律并清宫，當有十六聲，今之燕樂止有十五聲，蓋今樂高於古樂二律以下，故無正黄鍾聲。今燕樂只以合字配黄鍾，下四字配大吕，高四字配太蔟，下一字配夾鍾，高一字配姑洗，上字配中吕，句字配蕤賓，尺字配林鍾，下工字配夷則，高工字配南吕，下凡字配無射，高凡字配應鍾，六字配黄鍾清，下五字配大吕清，高五字配太蔟清，緊五字配夾鍾清。雖如此，然諸調殺聲，亦不能盡歸本律，故有祖調、正犯、偏犯、傍犯，又有寄殺、側殺、遞殺、順殺。凡此之類，皆後世聲律瀆亂，各務新奇，律法流散。然就其間亦自有倫理，善工皆能言之，此不備紀。

樂有中聲，有正聲。所謂中聲者，聲之高至於無窮，聲之下亦無窮，而名具十二律。作樂者必求其高下最中之聲，不如是不足以致太和之音，應天地之節。所謂正聲者，如弦之有十三汎韻，此十二律自然之節也。盈丈之弦，其節亦十三，盈尺之弦，其節亦十三，故琴以爲十三徽。不獨弦如此，金石亦然。考工爲磬之法，已上則磨其旁，磨之至於擊而有韻處，即與徽應，過之則復無韻，又磨之至於有韻處，復應以一徽。石無大小，有韻處亦不過十三，猶弦之有十三泛聲也。此天地至理，人不能以毫釐損益其間。近世金石之工，蓋未嘗及此。不得正聲，不足爲器；不得中聲，不得爲樂。

律有四清宮，合十二律爲十六，故鐘磬以十六爲一堵。清宮所以爲止於四者，自黄鍾而降，至林鍾宮、商、角三律皆用正律，不失尊卑之序。至夷則即以黄鍾爲角，南吕以大吕爲角，則民聲皆過於君聲，須當折而用黄鍾、大吕之清宮。無射以黄鍾爲商，太蔟爲角。應鍾以大吕爲商，角鍾不可不用清宮，此清宮所以有四也。其餘徵、羽自是事物用變聲，過於君聲無嫌，自當用正律，此清宮所以止於四而不止於五也。君臣民用從聲，事物用變聲，非但義理次序如此，聲必如此然後和，亦非人力所能强也。

本朝燕部樂經五代離亂，聲律差舛，傳聞國初比唐樂高五律，近世樂聲漸下，尚高兩律。予嘗以問教坊老樂工，云：「樂聲歲久勢當漸下，一事驗之可見，教坊管色，歲月浸深則聲漸差，輒復一易。祖父所用管色，今多不可用，唯方響皆是古器。鐵性易縮，時加磨瑩，鐵愈薄而聲愈下。樂器須以金石爲準，若準方響則聲自當漸變。古人制器用石與銅，取其不爲風雨燥濕所移，未嘗用鐵者，蓋有深意焉。律法既亡，金石又不足恃，則聲不得不流，亦自然之理也。

古樂鍾皆扁如盒瓦，蓋鍾圓則聲長，扁則聲短。聲短則節，聲長則曲。節短處聲皆相亂，不成音律。後人不知此意，悉爲扁鐘，急叩之多晃晃爾，清濁不復可辨。

琴瑟弦皆有應聲。宮弦則應少宮，商弦則應少商，其餘皆隔四相應。今曲中有聲者，須依此用之。欲知其應者，先調諸弦令聲和，乃翦紙人加弦上，鼓其應弦則紙人躍，他弦即不動。聲律高下苟同，雖在他琴鼓之，應弦亦震，此之謂正聲。

樂中有敦、掣、住三聲，一敦一住，各當一字，一大字住當二字，一掣減一字，如此遲速方應節。琴瑟亦然。更有折聲，唯合字無，折一分、折二分，至於折七八分者皆是。舉指有淺深，用氣有輕重。如笙簫則全在用氣，弦聲只在抑按，如中吕宮一字，仙吕宮五字，皆比他調高半格【六】，方應本調。唯禁伶能知，外方常工多不喻也。

熙寧中，宮宴教坊伶人徐衍奏稽琴，方進酒而一弦絶，衍更不易琴，只用一弦終其曲。自此始为「一弦稽琴格」。

律吕宮商角聲各相間一律，至徵聲頓間二律，所謂「變聲」也。琴中宮商角皆用纏弦，至徵則改用平弦，隔一弦鼓之皆與九徽應，獨徵聲與十徽應，此皆隔兩律法也。古法唯有五音琴，雖增少宮、少商【七】，然其用絲各半本律，乃律吕清倍法也。故鼓之六與一應，七與二應，皆不失本律之聲。後世有變宮、變徵者，蓋自羽聲隔八相生再起宮，而宮生徵，雖謂之宮徵，而實非宮徵聲也。變宮在宮羽之間，變徵在角徵之間，皆非正聲，故其聲

【六】皆比他調高半格　「他」原作「似」，據四庫本、學津本改。

【七】少商　「商」原作「角」，據四庫本、學津本改。

其無間聲以雜之也。世俗之樂，惟務清新，豈復有法度，烏足道哉。

十二律配燕樂二十八調，除無徵音外，凡殺聲黄鍾宫，今爲正宫，用六字。黄鍾商今爲越調，用六字。黄鍾角今爲林鍾角，用尺字。黄鍾羽今爲中吕調，用六字。大吕宫今爲高宫，用四字。大吕商、大吕角、大吕羽、太蔟宫，今燕樂皆無。太蔟商，今爲大石調，用四字。太蔟角，今爲越角，用上字。太蔟羽，今爲正平調，用四字。夾鍾宫，今爲中吕宫，用一字。夾鍾商，今爲高大石調，用一字。夾鍾角、夾鍾羽、姑洗商，今燕樂皆無。姑洗角，今爲大石角，用凡字。姑洗羽，今爲高平調，用一字。中吕宫，今爲道調宫，用上字。中吕商，今爲雙調，用上字。中吕角，今爲高大石調，用六字。中吕羽，今爲仙吕調，用上字。蕤賓宫商羽角，今燕樂皆無。林鍾宫，今爲南吕宫，用尺字。林鍾商，今爲小石調，用尺字。林鍾角，今爲雙角，用四字。林鍾羽，今爲大吕調，用尺字。夷則宫，今爲仙吕宫，用工字。夷則商角羽、南吕宫，今燕樂皆無。南吕商，今爲歇指調，用工字。南吕角，今爲小石角，用一字。南吕羽，今爲般涉調，用四字。無射宫，今爲黄鍾宫，用凡字。無射商，今爲林鍾商，用凡字。無射角，今燕樂無。無射羽，今爲高般涉調，用凡字。應鍾宫、應鍾商，今燕樂皆無。應鍾角，今爲歇指角，用尺字。應鍾羽，今燕樂無。

卷二

象數

又一說，子午屬庚，此納甲之法，震初爻納庚子、庚午也。丑未屬辛，巽初爻納辛丑、辛未也。寅申屬戊，坎初爻納戊寅、戊申也。卯酉屬己，離初爻納己卯、己酉也。辰戌屬丙，艮初爻納丙辰、丙戌也。巳亥屬丁。兑初爻納丁巳、丁亥也。一言而得之者宫與土也。假令庚子、庚午一言便得庚，辛丑、辛未一言便得辛，戊寅、戊申一言便得戊，己卯、己酉一言便得己。故皆屬土。餘皆倣此。三言而得之者徵與火也。假令戊子、戊午皆三言而得庚，己丑、己未皆三言而得辛，丙寅、丙申皆三言而得戊，丁卯、丁酉皆三言而得己。故皆屬火。五言而得之者羽與水也。假令丙子、丙午皆五言而得庚，丁丑、丁未皆五言而得辛，甲寅、甲申皆五言而得戊，乙卯、乙丑皆五言而得己。故皆屬水。七言而得之者商與金也。假令甲子、甲午皆七言而得庚，乙丑、乙未皆七言而得辛，壬申、壬寅皆七言而得戊，癸丑、癸酉皆七言而得己。故皆屬金。九言而得之者角與木也。假令壬子、壬午皆九言而得庚，癸丑、癸未皆九言而得辛，庚寅、庚申皆九言而得戊，辛卯、辛酉皆九言而得己。故皆屬木【一】。此出於《抱朴子》，云是「河圖、玉版之文」。然則一何以屬土，三何以屬火，五何以屬水【二】，其說云：「中央總天之氣一，南方丹天之氣三，北方玄天之氣五，西方素天之

校勘記

【一】故皆屬木　「木」原作「金」，據四庫本改。

【二】五何以屬水　「水」原作「金」，前文是「五言而得之者羽與水」，據改。

氣七，東方蒼天之氣九。」皆奇數而無偶數。莫知何義，都不可推考。

世俗：十月遇壬日，北人謂之「入易」，吴人謂之「倒布」。壬日氣候如本月，癸日差温類九月，甲日類八月。如此倒布之，直至辛日。如十一月，遇春秋時節即温，夏即暑，冬即寒。辛日以後自如時令。此不出陰陽書，然每歲候之亦時有準，莫知何謂。

盧肇論海潮，以謂「日出没所激而成」，此極無理。若因日出没，當每日有常，安得復有早晚？予常考其行節，每至月正臨子午則潮生，候之萬萬無差。此以海上候之，得潮生之時。去海遠即須據地理增添時刻。月正午而生者爲潮，則正子而生者爲汐；正子而生者爲潮，則正午而生者爲汐。

曆法見於經者，唯《堯典》言以閏月定四時成歲。置閏之法自堯時始有。太古以前又未知如何？置閏之法，先聖王所遺，固不當議。然事固有古人所未至而俟後世者，如歲差之類，方出於近世，此固無古今之嫌也。凡日一出没，謂之一日；月一盈虧，謂之一月。以日月紀天，雖定名，然月行二十九日有奇，復與日會。歲十二會而尚有餘日。積三十二月，復餘一會，氣與朔漸相遠，中氣不在本月，名實相乖，加一月謂之「閏」。閏生於不得已，猶構舍之用磹楔也。自此氣朔交爭，歲年錯亂，四時失位，算數繁猥。凡積月以爲時，四時以成歲，陰陽消長，萬物生殺變化之節，皆主於氣而已。但記月之盈虧，都不繫歲事之舒慘。今乃專以朔定十二月，而氣反不得主本月之政。時已謂之春矣，而猶行肅殺之政，則朔在氣前者是也，徒謂之乙歲之春，而實甲歲之冬也；時尚謂之冬也，而已行發生之令，則朔在氣後者是也，徒謂之甲歲之冬，乃實乙歲之春也。是空名之正，二三四反爲實，而生殺之實以爲寓，而又生閏月之贅疣，此殆古人未之思也。今爲術莫若用十二氣爲一年，更不用十二月，直以立春之日爲孟春之一日，驚蟄爲仲春之一日，大盡三十一日，小盡三十日【三】，歲歲齊盡，永無閏餘。十二月常一大一小相間，縱有兩小相併，一歲不過一次。如此則四時之氣常正，歲政不相陵奪，日月五星亦自從之，不須改舊法。唯月之盈虧，事雖有繫之者，如海胎育之類，不預歲時，寒暑之節寓之曆間可也。借以元祐元年爲法，當孟春小，一日壬寅，三日望，十九日朔；仲春大，一日壬申，三日望，十八日朔。如此曆日，豈不簡易端平，上符天運，無補綴之勞。予先驗天百刻有餘有不足，人已疑其說，又謂十二次斗建當隨歲差遷徙，人愈駭之。今此曆論，尤當取怪怒攻罵，然異時必有用予之說者。

五行之時謂之五辰者，春夏秋冬各主一時，以四時分屬五行，則春夏秋冬雖屬木火金水，而建辰、建未、建戌、建丑之月各有十八日屬土，故不可以時言，須當以月言。月謂之十二辰，則五行之時謂之五辰也【四】。

《黄帝素問》有五運、六氣。所謂五運者，甲己爲土運，乙庚爲金運，丙辛爲水運，丁壬爲木運，戊癸爲火運。如甲己所以爲土，戊癸所以爲火，多不知其因。予按《素問五運

【三】大盡三十一日小盡三十日　原作「大盡三十日」，據《庶齋老學叢談》卷下補。

【四】「五行之時謂之五辰」條　原闕，據四庫本、學津本補。

大論》：「黃帝問五運之所始於岐伯，引《太始天元册文》曰『始於戊己之分』。所謂戊己分者，奎壁角軫，則天地之門户也。」王砅注引《遁甲》：「六戊爲天門，六己爲地户。」天門在戊亥之間，奎壁之分；地户在辰巳之間，角軫之分。凡陰陽皆始於辰，五運起於角軫者，亦始於辰也。甲己之歲，戊己黅天之氣經於角軫，故爲土運。角屬辰，軫屬巳。甲己之歲，得戊辰、己巳干皆土，故爲土運。下皆同此。乙庚之歲，庚辛素天之氣經於角軫，故爲金運，庚辰、辛巳也。丙辛之歲，壬癸玄天之氣經於角軫，故爲水運，壬辰、癸巳也。丁壬之歲，甲乙蒼天之氣經於角軫，故爲木運，甲辰、乙巳也。戊癸之歲，丙丁丹天之氣經於角軫，故爲火運，丙辰、丁巳也。《素問》曰：「始於奎壁、角軫則天地之門户也。」凡運臨角軫，則氣在奎壁以應之。氣與運常同天地之門户。故曰「土位之下風氣承之」，甲己之歲，戊己土臨角軫，則甲乙木在奎壁。奎屬戌，壁屬亥。甲己之歲得甲戌、乙亥。下皆同此。曰「金位之下火氣承之」者，乙庚之歲，庚辛金臨角軫，則丙丁火在奎壁。曰「水位之下土氣承之」者，丙辛之歲，壬癸水臨角軫，則戊己土在奎壁。曰「風位之下金氣承之」者，丁壬之歲，甲乙木臨角軫，則庚辛金在奎壁。曰「相火之下水氣承之」者，戊癸之歲，丙丁火臨角軫，則壬癸水在奎壁。古今言《素問》者，皆莫能喻，故具論如此。

世之言陰陽者，以十干寄於十二支，各有五行相從，唯戊己則常與丙丁同行，五行家則以戊寄於巳，己寄於午，六壬家亦以戊寄於巳，而以己寄於未，唯《素問》以奎壁爲戊分，角軫爲己分。奎壁在亥戌之間，謂之戌分，則戌當在戌也。軫角在辰巳之間，謂之己分，則己當在辰也。《遁甲》以六戊爲天門，天門在戌亥之間，則戊亦當在戌。六己爲地户，地户在辰巳之間，則己亦當在辰。辰戌皆土位，故戊己寄焉。二説正相合。按字書，戊，從戊從一，則戊寄於戌，蓋有從來。辰，文從厂音漢。從㫃，㫃音身。《左傳》：「亥有二首六身。」亦用此㫃字。從乙音隱。從己，則己寄於辰。與《素問》、《遁甲》相符矣。五行，土常與水相隨。戊，陽土也。一，水之生數也。水乃金之子，水寄於西方金之末者，生水也，而旺土包之。此戊之理如是。己，陰土也。六，水之成數也。水乃木之母，水寄於東方木之末者，老水也，而衰土相與。隱於厂下者，水土之墓也。厂，山巖之可居者，乙，隱也。

律有實積之數，有長短之數，有周徑之數，有清濁之數。所謂實積之數者【五】，黄鍾管長九寸，徑九分【六】，以黍實其中，其積九九八十一，此實積之數也。林鍾長八寸，徑九分，八九七十二。《前漢書》稱「八八六十四」，誤也。解具下文。餘律準此。所謂長短之數者，黄鍾九寸，三分損一，下生林鍾，長六寸。林鍾三分益一，上生太蔟，長八寸，此長短之數也。餘律準此。所謂周徑之數者，黄鍾長九寸，圍九分，古人言「黄鍾圍九分」，舉盈數耳，細率之當周九分七分之三。林鍾長六寸，亦圍九分。十二律皆圍九分，《前漢志》言「林鍾圍六分」者，誤也。予於《樂論》辯之甚詳。《史記》稱「林鍾五寸十分四」，此則六分九五十四，足以驗《前漢》誤也。餘律準此。所謂清濁之數者，黄鍾長九寸爲正聲，一尺八寸爲黄鍾濁宫，四寸五分爲黄鍾清宫。倍而長爲濁宫，倍而短爲

【五】所謂實積之數者　「實積」原作「積實」，據四庫本、學津本乙正。

【六】徑九分　「分」原作「寸」，據四庫本改。

清宫。餘律準此。

八卦有過揲之數，有歸餘之數，有陰陽老少之數，有河圖之數。所謂過揲之數者，亦謂之「八卦之策」。乾九揲而得之，揲必以四，四九三十六；坤六揲而得之，揲必以四，四六二十四。此乾坤之策過揲之數也，餘卦準此。前卷敘之已詳。所謂歸餘之數者，乾一爻三少，初變之初五，再變、三變之初各四，並卦爲十四爻，三合四十二，此乾卦歸餘之數也。坤一爻三少，初變之初九，再變、三變各八，並卦爲二十六爻【七】，三合之七十八【八】。此坤卦歸餘之數也，餘卦準此。陰陽老少之數，乾九揲而得之，故曰老陽之數九，坤六揲而得之，故曰老陰之數六，震、艮、坎皆七揲而得之，故曰少陽之數七，巽、離、兑皆八揲而得之，故曰少陰之數八。所謂河圖之數者，河圖北方一，南方九，東方三，西方七，東北八，西北六，東南四，西南二，中央五。乾得南、中、北，故其數十有五；坤得東、西、南、東北、西北，故其數三十；震得東南、西南、東、西、北，故其數十有七；巽得南、中、東北、西北，故其數二十有八；坎得東南、西南、東北、西北、中，故其數二十有五；離得東、西、南、北，故其數二十；艮得南、東、西、東北、西北，故其數三十有三；兑得東南、西南、中、北，故其數十有二。具圖如後。圖缺。

揲蓍之法，凡一爻含四卦，凡一陽爻，乾爲老陽，兩多一少，非震即坎，非坎即艮。少在前震也，少在中坎也，少在後艮也。三揲之中含此四卦，方能成一爻。陰爻亦如此，三爻坤爲老陰，兩少一多，非巽即離，非離即兑。多在

【七】並卦爲二十六爻　「六」原脱，據四庫本補。

【八】三合之七十八　「三」原作「三爻」，據四庫本删。

前則巽也，多在中離也，多在後兑也。積三爻爲内卦，凡含十二卦。一爻含四卦，三爻共十二卦也。所以含十二卦，自相重爲六卦，爻凡得六十四卦。重卦之法，以下四爻卦乘中爻四卦得十六卦，又以上爻四卦乘之得六十四卦。外卦三爻，亦六十四卦。以内外六十四卦復自相乘爲四千九十六卦，方成《易》之卦。此之卦法也。揲蓍凡十有八變，成《易》之一卦，一卦之中，含四千九十六卦在其間，細算之乃見。凡一卦可變爲六十四卦。此變卦法，《周易》是也。六十四卦之爲四千九十六卦。此之卦法也。如乾之坤之屯之蒙，盡六十四卦，每卦皆如此，共得四千九十六卦，今焦貢《易林》中所載是也。四千九十六卦方得能卻成一卦，終始相生。以首生尾，以尾生首，積至微之數以成至大，積至大之數卻爲至微，循環無端，莫知首尾，故《罔象成名圖》曰：「其大無外，其小無内，迎之不見其首，隨之不見其尾。」一卦變爲六十四卦，六十四卦之爲四千九十六卦，四千九十六卦卻變爲一卦，循環相生，莫知其端。大小一也，積小以爲大，積大復爲小，豈非一乎？往來一也，首窮而成尾，尾窮而反成首，豈非一乎？故至誠可以前知，始末無異故也。以夜爲往者，以晝爲來，以晝爲往者，以夜爲來。來往常相代，而吾所以知之者一也。故藏往知來，不足怪也。聖人獨得之於心而不可言喻，故設象以示人。象安能藏往知來，成變化而行鬼神？學者當觀象以求。聖人所以自然得者，宛然可見，然後可以藏往知來，成變化而行鬼神矣。《易》之象皆如是，非獨此數也。知言象爲糟粕，然後可以求《易》。

官政

有一朝士與王沂公有舊，欲得齊州。沂公曰：「齊州已差人。」乃與廬州，不就，曰：「齊州地望，卑於廬州，但於私便爾耳。相公不使一物失所，改易前命，當亦不難。」公正色曰：「不使一物失所，唯是均平。若奪一與一，此一物不失所，則彼一物必失所。」其人慚沮而退。

孫伯純史館知海州日，發運司議置洛要、板浦、惠澤三鹽場，孫以爲非便，發運使親行郡，決欲爲之，孫抗論排沮甚堅。百姓遮孫自言置鹽場爲便，孫曉之曰：「汝愚民不知遠計。官買鹽雖有近利，官鹽患在不售，不患鹽不足。鹽多而不售，遺患在三十年後。」至孫罷郡，卒置三場。近歲連、海間刑獄、盜賊、差徭比舊浸繁多，緣三鹽場所置積鹽如山，運賣不行，虧失欠負，動輒破人産業，民始患之。朝廷調發軍器，有弩椿箭幹之類，海州素無此物，民甚苦之，請以鰾膠充折。孫謂之曰：「弩椿箭幹，共知非海州所産，蓋一時所須耳。若以土産物代之，恐汝歲被科無已時也。」其遠慮多類此。

孫伯純史館知蘇州，有不逞子弟與人爭「狀」字當從犬，當從大，因而搆訟。孫令褫去巾帶，紗帽下乃是青巾，孫判其牒曰：「偏傍從大，書傳無聞，巾帽用青，屠沽何異？量決小杖八下。」蘇民聞之，以爲口實。

忠定張尚書曾令鄂州崇陽縣。崇陽多曠土，民不務耕織，唯以植茶爲業。忠定令民伐去茶園，誘之使種桑麻。自此茶園漸少，而桑麻特盛於鄂、岳之間。至嘉祐中改茶法，湖、湘之民苦於茶租，獨崇陽茶租最少，民監他邑，思公之惠，立廟以報之。民有入市買菜者，公召諭之曰：「邑居之民，無地種植，且有他業，買菜可也。汝村民皆有土田，何不自種而費錢買菜？」笞而遣之。自後人家皆置圃，至今謂蘆菔爲「張知縣菜」。

權智

王子醇樞密帥熙河日，西戎欲入寇，先使人覘我虛實，邏者得之，索其衣緣中，獲一書，乃是盡記熙河人馬、芻糧之數。官屬皆欲支解以殉，子醇忽判杖背二十，大刺面「蕃賊決訖放歸」六字縱之。是時適有戍兵，步騎甚衆，芻糧亦富，虜人得諜書，知有備，其謀遂寢。

寶元元年，党項圍延安七日，鄰於危者數矣。范侍郎雍爲帥，憂形於色。有老軍校出，自言曰：「某邊人，遭圍城者數次，其勢有近於今日者。虜人不善攻，卒不能拔。今日萬萬無虞，某可以保任。若有不測，某甘斬首。」范嘉其言壯人心，亦爲之小安，事平，此校大蒙賞拔，言知兵善料敵者首稱之。或謂之曰：「汝敢肆妄言，萬一言不驗，須伏法。」校笑曰：「君未之思也。若城果陷，何暇殺我邪。聊欲安衆心耳。」

韓信襲趙，先使萬人背水陣，乃建大將旗鼓，出井陘口，與趙人大戰，佯敗，棄旗鼓，走水上。軍背水而陣，已是危道，又棄旗鼓而趨之，此必敗勢也。而信用之者，陳餘老將，不以必敗之勢邀之，不能致也。信自知才過餘，乃敢用此耳。向使餘小黠於信，信豈得不敗？此所謂「知彼知己，量敵爲計」。後之人不量敵勢，襲信之迹，決敗無疑。漢五年，漢楚決勝於垓下，信將三十萬自當之，孔將軍居左，費將軍居右，高帝在其後，絳侯、柴武在高帝後。信先合不利，孔將軍、費將軍縱，楚兵不利，信復乘之，大敗楚師。此亦拔趙策也。信時威震天下，籍所憚者獨信耳。信以三十萬人不利而卻，真卻也，然後不疑，故信與二將得以乘其隙，此「建成墮馬」勢也。信兵雖卻，而二將維其左右，高帝軍其後，絳侯、柴武又在其後，異乎背水之危，此所以待項籍也。用破趙之迹則殲矣。此皆信之奇策。觀古人者，當求其意，不徒視其迹。班固爲《漢書》，乃削此一事，蓋固不察所以得籍者正在此一戰耳。從古言韓信善用兵，書中不見信所以善者。予以謂信説高帝，還用三秦，據天下根本，見其斷；虜魏豹，斬龍且，見其智；拔趙破楚，見其應變；西向師亡虜，見其有大志。此其過人者。惜乎《漢書》脱略，漫見於此。

种世衡初營清澗城，有紫山寺僧法崧剛果有謀，以義烈自名。世衡延置門下，恣其所欲，供億無算。崧酗酒狎博，無所不爲。世衡遇之愈厚。留歲餘，崧亦深德世衡，自處不疑。一日，世衡忽怒謂崧曰：「我待汝如此。而陰與賊連，何相負也？」拽下械繫，捶掠極其苦楚，凡一月，濱於死者數矣，崧終不伏，曰：「崧丈夫也，公聽姦人言欲見殺，則死矣，終不以不義自誣。」毅然不顧。世衡審其不可屈，爲解縛沐浴，復延入卧内，厚撫謝之曰：「爾無過，聊相試耳。欲使爲間，萬一可脅，將洩吾事。設虜人以此見窮，能不相負否？」崧默然曰：「試爲公爲之。」世衡厚遺遣之，以軍機密事數條與崧曰：「可以此藉手，仍僞報西羌。」臨行，世衡解所服絮袍贈之曰：「胡地苦寒，以此爲别。至彼須萬計求見遇乞，非此人無以得其心腹。」遇乞，虜人之謀臣也。崧如所教，間關求通遇乞，虜人覺而疑之，執於有司，數日，或發袍領中，得世衡與遇乞書，詞甚款密。崧初不知領中書，虜人苦之備至，終不言情。虜人因疑遇乞，舍崧，遷於北境。久之，遇乞終以疑死。崧邂逅得亡歸，盡得虜中事以報。朝廷録其勞，補右侍禁，歸姓爲王。崧後官至諸司使，至今邊人謂之「王和尚」。世衡本賣崧爲死間，邂逅得生還，亦命也。康定之後，世衡數出奇計，予在邊，得於邊人甚詳。爲新其廟像，録其事於篇。

祥符中禁火，時丁晉公主營復宫室，患取土遠，公乃令鑿通衢取土，不日皆成巨塹，乃決汴水入塹中，引諸道竹木排筏及船運雜材【九】，盡自塹中入至宫門。事畢，卻以斥棄瓦礫灰壤實於塹中，復爲街衢。一舉而三役濟，計省費以億萬計。

國初，兩浙獻龍船，長二十餘丈，上爲宫室層樓，設御榻以備遊幸。歲久，腹敗欲修治，而水中不可施工。熙寧中，宦官黄懷信獻計於金明池北鑿大澳，可容龍船，其下置柱，

【九】引諸道竹木排筏及船運雜材　「船」原作「般」，據四庫本改。

以大木梁其上，乃決水入澳引船當梁上，即車出澳中水，船乃笐於空中。完補訖，復以水浮船，撤去梁柱，以大屋蒙之，遂爲藏船之室，永無暴露之患。

藝文

李學士世衡喜藏書，有一晉人墨迹，在其子緒處。長安石從事嘗從李君借去，竊摹一本以獻文潞公，以爲真迹。一日，潞公會客，出書畫，而李在坐，一見此帖，驚曰：「此帖乃吾家物，何忽至此？」急令人歸取驗之，乃知潞公所收乃摹本。李方知爲石君所傳，具以白潞公。而坐客牆進皆言潞公所收乃真迹，而以李所收爲摹本。李乃歎曰：「彼衆我寡，豈復可伸。今日方知身孤寒。」

章樞密子厚善書，嘗有語：「書字極須用意。不用意而用意皆不能佳。此有妙理，非得之於心者，不曉吾語也。」嘗自謂「墨禪」。

世之論書者，多自謂書不必有法，各自成一家。此語得其一偏。譬如西施、毛嬙，容貌雖不同，而皆爲麗人。然手須是手，足須是足，此不可移者。作字亦然，雖形氣不同【一〇】，掠須是掠，磔須是磔，千變萬化，此不可移也。若掠不成掠，磔不成磔，縱其精神筋骨猶西施、毛嬙，而手足乖戾，終不爲完人。楊朱、墨翟賢辯過人，而卒不入聖域。盡得師法，律度備全，猶是「奴書」，然須自此入，過此一路，乃涉妙境，無迹可窺，然後入神。

【一〇】雖形氣不同　「氣」原作「體」，據四庫本改。學津本無「氣」亦無「體」。

今世俗謂之隸書者，只是古人之「八分書」，謂初從篆文變隸，尚有二分篆法，故謂之「八分書」。後乃全變爲隸書，即今之正書、章草、行書、草書，皆是也。後之人乃誤謂古八分書爲隸書，以今時書爲正書，殊不知所謂正書者，隸書之正者耳。其餘行書、草書，皆隸書也。杜甫《李潮八分小篆歌》云：「陳倉石鼓文已譌，大小二篆生八分。苦縣光和尚骨立，書貴瘦硬方通神。」苦縣，老子《朱龜碑》也。《書評》云：「漢魏牌榜碑文和華山碑皆今所謂隸書也。杜甫詩亦只謂之八分。」又《書評》云：「漢魏牌榜碑文非篆即八分，未嘗用隸書。」知漢魏碑文皆八分，非隸書也。

江南府庫中書畫至多，其印記有「建業文房之印」、「内合同印」。集賢殿書院印以墨印之，謂之「金圖書」，言惟此印以黄金爲之。諸書畫中時有李後主題跋，然未嘗題書畫人姓名，唯鍾隱畫皆後主親筆題「鍾隱筆」三字。後主善畫，尤工翎毛。或云：「凡言鍾隱筆者，皆後主自畫。」後主嘗自號鍾山隱士，故晦其名謂之「鍾隱」，非姓鍾人也。今世傳鍾畫，但無後主親題者皆非也。

器用

熙寧八年，章子厚與予同領軍器監，被旨討論兵車制度，本監以《周禮・考工記》及《小戎》詩考定：車輪崇六尺，軹崇三尺三寸，轂末至地也。並軫轐爲四尺。互圍一尺一寸，厚一尺三分寸之二，車罔也。轂長三尺二寸，徑一尺三分寸之二。輪之數三寸九分寸之五。轂上剳輪鑿眼是也。大穿内徑四寸五分寸之二，記謂之賢，轂之裏穿也。小穿内徑三寸十五分寸之四，記謂之軹，轂之外穿也。輻九寸半，輻外一尺九寸，並輻三寸半，共三尺二寸，乃轂之長。金厚一寸，大小穿其金皆一寸。輻廣三寸半，深亦如之。輿六尺六寸，車隊四尺四寸。隊，音遂，謂車之深，蓋深四尺四寸，廣六尺六寸也。或深一尺四寸三分寸之二，七寸三分寸之一在軫内。崇三尺三寸，半輿之深謂之崇【一一】。較崇二尺二寸，通高五尺五寸，較，兩輢上出二者，並車高五尺五寸。軫圍一尺一寸，車後横木。貳圍七寸三分寸之一，較圍四寸九分寸之八，軹圍三寸二十七分寸之七，此軹乃輢木之植者，衡者與轂末同名。轛圍二寸八十一分寸之十四，此貳之植者，衡者如較之植軹而名互異。任正圍一尺四寸五分寸之二，此輿下三面材持車正者。輈深四尺七寸，此梁舡輈也。軹崇三尺三寸。此輈如橋梁，矯上四尺七寸，並衡頸爲八尺七寸，國馬高八尺，除衡頸則如馬之高。長一丈四尺四寸，軓前十尺隊四尺四寸。軓前一丈，策長五尺【一二】，衡圍一尺三寸五分寸之一，長六尺六寸，軸圍一尺三寸五分寸之一，兔圍一尺四寸五分寸之二【一三】，輿前當轅者，輿任正相爲四面。頸圍九寸十五分寸之九，頸，輈前持衡者。踵圍七寸七十五分寸之五。踵，輈後承轅處。軌廣八尺，兩轍之間。陰如軌之長。側於軌前。軔二，前著驂轡，後屬陰。在驂之外，所以止出。脅驅長一丈，皮爲之，前繫於衡，後屬於軫内脅，所以止之。服馬當衡軶。兩服齊首。驂馬齊衡，兩驂雁行，謂小卻也。轡六，服馬二轡，驂馬一轡。度皆以周尺。一尺當今七寸三分少強。以法付作坊制車，兼習五御法。是秋八月大閲，

【一一】半輿之深謂之崇　「深」，四庫本作「廣」。

【一二】軓前一丈策長五尺　「策」原空缺，《周禮·考工記》：「軓前十尺，而策半之。」據補。

【一三】兔圍一尺四寸五分寸之二　「兔」原空缺，據四庫本、學津本補。

上御延和殿親按。藏於武庫以備儀物而已。

古鼎中有三足，皆空中可容物者，所謂「鬲」也。煎和之法，常欲湆在下，體在上則易熟而不偏爛，及升鼎則濁滓皆歸足中。《鼎卦》初六：「鼎顛趾，利出否。」謂濁惡下，須先瀉而虚之。九二陽爻，方爲鼎實。今京師大屠善熟彘者，鉤懸而煮，不使著釜底，亦古人遺意也。又古銅香爐，多鏤其底，先入火於爐中，乃以灰覆其上，火盛則難滅而持久。又防爐熱灼席，則爲盤薦水以漸其趾，且以承灰灺之墜者。其他古器，率有曲意，而形制文畫，大概多同。蓋有所傳授，各守師法，後人莫敢輒改。今之衆學，人人皆出己意，奇衺淺陋，棄古自用，不止器械而已。

大夫七十而有閣。天子之閣左達五，右達五。閣者，板格以庋膳羞者，正是今之立饋。今吴人謂立饋爲廚者，原起於此。以其貯食物也，故謂之廚。

卷三

異事

韓魏公，慶曆中以資政殿學士帥淮南，一日，後園中有芍藥一榦分四岐，岐各一花，上下紅，中間黄蕊間之。當時揚州芍藥未有此一品，今謂之「金纏腰」者是也。公異之，開一會欲招四客以賞之，以應四花之瑞。時王岐公爲大理寺評事通判，王荊公爲大理評事僉判，皆召之。尚少一客，以判鈐轄諸司使，忘其名，官最長，遂取以充數。明日早衙，鈐轄者申狀，暴泄不至。尚少一客，命取過客曆，求一朝官足之，過客中無朝官，唯有陳秀公時爲大理寺丞，遂命同會。至中筵翦四花，四客各簪一枝，甚爲盛集。後三十年間，四人皆爲宰相。

瀕海素少士人，祥符中，廉州人梁氏卜地葬其親，至一山中，見居人説：旬日前有數十龜負一大龜葬於此山中。梁以謂龜神物，其葬處或是福地，與其人登山觀之，乃見有邱墓之象。試發之，果得一死龜。梁乃遷葬他所，以龜之所穴葬其親。其後梁生三子：立儀、立則、立賢。立則、立賢皆以進士登科，立儀嘗預薦。皇祐中，儂智高平，推恩授假板官。立則值熙寧立八路選格，就二廣連典十餘郡，今爲朝請大夫致仕，予亦識之。立儀、立則皆朝散郎，至今皆在。徙居廣州，鬱爲士族，至今謂之「龜葬梁家」。龜能葬，其事已可怪，而梁氏適興，其偶然耶，抑亦神物啟之耶。

雜誌

宋景文子京判太常日，歐陽文忠公、刁景純同知禮院。景純喜交遊，多所過從，到局或不下馬而去。一日退朝，與子京相遇，子京謂之曰：「久不辱至寺，但聞走馬過門。」李邯鄲獻臣立談間，戲改杜子美《贈鄭廣文》詩嘲之曰：「景純過官舍，走馬不曾下。忽地退朝逢，便遭官長駡。多羅四十年，偶未識摩氈。賴有王宣慶，時時乞與錢。」葉道卿、王原叔各爲一體詩，寫於一幅紙上，子京於其後題六字曰：「效子美辞景純。」獻臣復注其下曰：「道卿著，原叔古篆，子京題篇，獻臣小書。」歐陽文忠公又以子美詩書於一綾扇上。高文莊在坐曰：「今日我獨無功。」乃取四公所書紙爲一小帖，懸於景純直舍而去。時西羌首領唃厮羅新歸附，摩氈乃其子也。王宣慶大閹求景純爲墓誌，送錢三百千，故有摩氈、王宣慶之誚。今詩帖在景純之孫概處，扇詩在楊次公家，皆一時名流雅謔，予皆曾借觀，筆迹可愛。

禁中舊有吴道子畫鍾馗，其卷首有唐人題記曰：「明皇開元講武驪山歲，翠華還宫，上不懌，因痁作，將踰月，巫醫殫伎不能致良。忽一夕夢二鬼，一大一小。其小者衣絳犢鼻，屨一足，跣一足，懸一屨，搢一大筠紙扇，竊太真紫香囊及上玉笛，遶殿而奔。其大者戴帽，衣藍裳，袒一臂，鞹雙足，乃捉其小者，刳其目，然後擘而啖之。上問大者曰：『爾何人也？』奏云：『臣鍾馗氏，即武舉不捷之士也。誓與陛下除天下之妖孽。』夢覺，痁若頓瘳而體益壯。乃詔畫工吳道子，告之以夢曰：『試爲朕如夢圖之。』道子奉旨，怳若有覩，立筆圖訖以進。上瞠視久之，撫几曰：『是卿與朕同夢耳，何肖若此哉。』道子進曰：『陛下憂勞宵旰，以衡石妨膳而痁得犯之。果有蠲邪之物，以衛聖德。』因舞蹈上千萬歲壽。上大悅，勞之百金。批曰：『靈祇應夢，厥疾全瘳。烈士除妖，實須稱獎。因圖異狀，頒顯有司。歲暮驅除，可宜徧識。以祛邪魅，兼靜妖氛。仍告天下，悉令知委。』熙寧五年，上令畫工摹搨鐫板，印賜兩府輔臣各一本。是歲除夜，遣入内供奉官梁楷就東西府給賜鍾馗之象。觀此題相記，似始於開元時。皇祐中，金陵上元縣發一冢，有石誌，乃宋征西將軍宗慤母鄭夫人墓。夫人漢大司農鄭衆女也。慤有妹名鍾馗，後魏有李鍾馗，隋將喬鍾馗、楊鍾馗。然則鍾馗之名，從來亦遠矣，非起於開元之時。開元之時始有此畫耳。鍾馗字亦作「鍾葵」。

故相陳岐公，有司謚「榮靈」，太常議之，以榮靈爲甚，請謚「恭」。以恭易榮靈，雖差美，乃是用唐許敬宗故事，適足以爲累耳。錢文僖公始謚不善，人有爲之申理而改「思」，亦是用于頔故事，後乃易今謚。

地理之書，古人有飛鳥圖，不知何人所爲。所謂飛鳥者，謂雖有四至，里數皆是循路步之，道路迂直而不常，既列爲圖則里步無緣相應，故按圖别量徑直四至，如空中鳥飛直達，更無山川回屈之差。予嘗爲《守令圖》，雖以二寸折百里爲分率，又立準望、牙融，傍驗高下方斜迂直七法，以取鳥飛之數。圖成，得方隅遠近之實，始可施此法，分四至八到，爲二十四至，以十二支、甲乙丙丁庚辛壬癸八干、乾坤艮巽四卦名之。使後世圖雖亡，得予此書，按二十四至以布郡縣，立可成圖，毫髮無差矣。

咸平末，契丹犯邊，戍將王顯、王繼忠屯兵鎮、定。虜兵大至，繼忠力戰，爲契丹所獲，授以僞官，復使爲將，漸見親信。繼忠乘間進説契丹講好朝廷，息民爲萬世利，虜母老，亦厭兵，遂納其言，因寓書於莫守石普，使達意於朝廷，時亦未之信。明年，虜兵大下，遂至河，車駕親征，駐蹕澶淵，而繼忠自虜中具奏戎主請和之意，達於行在。上使曹利用馳遣契丹書，與之講平。利用至大名，時王冀公守大名，以虜方得志，疑其不情，留利用未遣。會圍合，不得出，朝廷不知利用所在，又募人繼往，得殿前散直張皓引見行在。皓攜九歲子見曰：「臣不得虜情爲報，誓死不還，願陛下録其子。」上賜銀三百兩遣之。皓出澶州，爲徼騎所掠，皓具言講和之意，騎乃引與俱見戎母蕭及戎主。蕭搴車幃召皓，以木横車軛上，令皓坐，與之酒食，撫勞甚厚。皓既回，聞虜欲襲我北塞，以其謀告守將周文質及李繼隆、秦翰。文質等厚備以待之。黎明虜兵果至，迎射其大帥撻覽，墜馬死，虜兵大潰。上復使皓申前約，及言已遣曹利用之意。皓入大名，以告王冀公，與利用俱往，和議遂定，乃改元景德。後皓爲利用所軋，終於左侍禁。真宗後知【一】，録其先留九歲子牧爲三班奉職，而累贈繼忠至大同軍節度使兼侍中。國史所書，本末不甚備，予得其詳於張牧及王繼忠之子從伾之家。蔣穎叔爲河北都轉運使日，復爲從伾論奏，追録其功。

前世風俗：卑者致書於所尊，尊者但批紙尾答之曰「反」，故人謂之「批反」。如官司批狀，詔書批答之類，故紙尾多作「敬空」字，自謂不敢抗敵，但空紙尾以待批反耳。尊者亦自處不疑。不務過敬。前世啟甚簡，亦少用聯幅者。後世虚文浸繁，無昔人款款之情。此風極可惜也。

風后八陣，大將握奇處於中軍，則並中軍爲九軍也。唐李靖以兵少難分九軍，又改制「六花陣」，並中軍爲七軍。予按，九軍乃方法，七軍乃圓法也。算術：方物八裹一，蓋少陰之數，並其中爲老陽，圓物六裹一，乃老陰之數，並其中爲少陽。此物之定行，真數不可改易者【二】。既爲方圓二陣勢，自當如此。九軍之次，李靖之後始變古法，爲前軍、右虞候軍、右軍、中軍、左虞候軍、後軍，揚奇備伏、先鋒踏白，皆在陣外，跳盪、弩手，其人皆在軍中。

熙寧中，使六宅使郭固等討論九軍陣法，著之爲書，頒下諸帥府，副藏祕閣。固之

【一】真宗後知　「後知」，四庫本作「後知之」。

【二】真數不可改易者　「真」原作「其」，據四庫本、長編卷二六〇改。

法：九軍共爲一營陣，行則爲陣，住則爲營。以駐隊遶之。若依古法，人占地二步，馬四步，軍中容軍，隊中容隊，則十萬人之陣，占地方十里餘。天下豈有方十里之地無邱阜溝澗林木之礙者？兼九軍共以一駐隊爲籬落，則兵不復可分，如九人共一皮，分之則死，此正孫武所謂「縻軍」也。有言陣法有「面面相向，背背相承」之文，固不能解，乃使陣間士卒皆側立，每兩行爲巷，令面相向而立，雖文應古説，不知士卒側立如何應敵？上疑其説，使予再加詳定。予以謂九軍當使別自爲陣，雖分列左右前後，而各占地利，以駐隊外向自遶，縱越溝澗林薄，不妨各自成營，金鼓一作則卷舒合散，渾渾淪淪而不可亂，九軍合爲一大陣，則中分四衢，如井田法，九軍皆背背相承，面面相向，四頭八尾，觸處爲首。上以爲然，親舉手曰：「譬如此五指，若共爲一皮包之，則何以施用？」遂著爲令，今營陣法是也。

古人尚右。主人居左，坐客在右者，尊賓也。今人或以主人之位讓客，此甚無義，惟天子適諸侯，升自阼階者，主道也。非以左爲尊也。《禮記》曰：「主人就東階，客就西階。客若降等，則就主人之階，主人固辭乃就西階。」蓋嘗以西階爲尊，就主人階，所以爲敬也。韓信得廣武君，東向坐，西向對而師事之。此尊右之實也。今惟朝廷有此禮，凡臣僚登階奏事皆由東階立於御座之東，不由西者，天子無賓禮也。方外唯釋門，主人升堂，衆賓皆立於西，惟職屬及門弟子立於東，蓋舊俗時有存者。

揚州在唐時最爲富盛，舊城南北十五里一百一十步，東西七里三十步，可紀者有二十四橋。最西濁河茶園橋，次東大明橋，今大明寺前。入西水門有九曲橋，今建隆寺前。次東正當帥牙南門有下馬橋，又東作坊橋，橋東河轉向南有洗馬橋，次南橋，見在今州城北門外。又南阿師橋、周家橋、今此處爲城北門。小市橋、今存。廣濟橋、今存。新橋、開明橋、今存。顧家橋、通泗橋、今存。太平橋【三】、利園橋、出南水門有萬歲橋、今存。青園橋，自驛橋北河流東出，有參佐橋，今開元寺前。次東水門，今有新橋。非古蹟也。東北有山光橋。見在今山光寺前。又自衙門下馬橋直南有北三橋、中三橋、南三橋，號「九橋」，不通船，不在二十四橋之數，皆在今州城西門之外。

士人李，忘其名，嘉祐中爲舒州觀察支使，能爲水丹。時王荆公爲通判，問其法，云：「以清水入土鼎中，其下以火然之，少日則水漸凝結如金玉，精瑩駭目。」問其方，則曰：「不用一切，但調節水火之力。毫髮不均即復化去。此坎、離之粹也。」曰「日月各有進退節度」，予不得其詳，推此可以求養生治病之理。如仲春之月，草木奮發，鳥獸孳乳，此定氣所化也。今人於春秋分夜半時，汲井水滿大瓮中，封閉七日，發視則有水花生於瓮面，如輕冰，可采以爲藥。非二分時則無，此中和之在物者。以春秋分時吐翕嚥津，存想腹胃則有丹砂自腹中下，璀然耀日，術家以爲丹藥，此中和之在人者。凡變化之物皆由此道，理窮玄化，天人無異，人自不思耳。深達此理，則養生治疾可通神矣。

【三】太平橋　四庫本下有小字「今存」。

藥議

世人用莽草，種類最多，有葉大如手掌者，有細葉者，有葉光厚堅脆可拉者，有柔軟而薄者，有蔓生者，多是謬誤。按《本草》：「若石南而葉稀，無花實。」今考木若石南，信然。葉稀，無花實，亦誤也。今莽草，蜀道、襄、漢、浙江湖間山中有，枝葉稠密，團欒可愛，葉光厚而香烈，花紅色，大小如杏花，六出，反卷向上，中心有新紅蕊，倒垂下，滿樹垂動搖搖然，極可翫。襄、漢間漁人競採以擣飯飴魚，皆翻上，乃撈取之。南人謂之「石桂」。白樂天有《廬山桂》詩，其序曰「廬山多桂樹」，又曰「手攀青桂枝」，蓋此木也。唐人謂之「紅桂」，以其花紅故也。李德裕詩序曰：「龍門敬善寺有紅桂樹，獨秀伊川，移植郊園，衆芳色沮，乃是蜀道莽草，徒得佳名耳。」衛公此説亦甚明。自古用此一類，仍毒魚有驗。《本草》木部所收，不知何緣謂之「草」，獨此未喻。

孫思邈《千金方》「人參湯」言：「須用流水煮，用止水則不驗。」人多疑流水止水無異【四】。予嘗見丞相荆公喜放生，每日就市買活魚縱之江中，莫不洋然。唯鰌、鱓入江中輒死，乃知鰌、鱓但可居止水，則流水與止水果不同，不可不知。又鯽魚生流水中【五】，則背鱗白而味美，生止水中則背鱗黑而味惡。此亦一驗。《詩》所謂「豈其食魚，必河之魴」。蓋流水之魚品流自異。

【四】人多疑流水止水無異　「止水」原闕，據《良方》卷一《記流水止水》補。

【五】又鯽魚生流水中　「鯽」原闕，據《良方》卷一《記流水止水》補。

熙寧中，闍婆國使人入貢方物中有「摩婆石」二塊，大如棗，黄色，微似花蕊，又「無名異」一塊，如蓮菂。皆以金函貯之。問其人「真僞何以爲驗」？使人云：「摩婆石有五色，石色雖不同，皆姜黄汁，磨之，汁赤如丹砂者爲真。無名異色黑如漆，水磨之，色如乳者爲真。」廣州市舶司依其言試之，皆驗，方以上聞。世人蓄摩婆石、無名異頗多，常患不能辨真僞。小説及古方書如《炮炙論》之類亦有説者，但其言多怪誕，不近人情。天聖中，予伯父吏書新除明州，章憲太后有旨，令於舶船求此二物，内出銀三百兩爲價，值如不足，更許於州庫貼支。終任求之，竟不可得。醫潘璟家有白摩婆石，色如糯米糍，磨之亦有驗。璟以治中毒者，得汁栗殼許，入口即瘥。

藥有用根，或用莖、葉，雖是一物，性或不同，苟未深達其理，未可妄用。如仙靈脾，《本草》用葉，南人卻用根。赤箭，《本草》用根，今人反用苗。如此未知性果同否？如古人遠志用根，則其苗謂之小草，澤漆之根乃是大戟，馬兜零之根乃是獨行。其主療各别。推此而言，其根、苗蓋有不可通者，如巴豆能利人，唯其殼能止之，甜瓜蒂能吐人，唯其肉能解之，坐拏能懵人，食其心則醒，楝根皮瀉人，枝皮則吐人，邕州所貢藍藥，即藍蛇之首，能殺人，藍蛇之尾能解藥，鳥獸之肉皆補血，其毛角鱗鬣皆破血，鷹鸇食鳥獸之肉，雖筋骨皆化，而獨不能化毛。如此之類甚多，悉是一物，而性理相反如此。山茱萸能補骨髓者，取其核温澁能祕精氣，精氣不泄，乃所以補骨髓，今人或削取肉用而棄其核，大非古人之意。如此皆近穿鑿。若用《本草》中主療只當依本説。或别有主療改用根、莖者，自從别方。

嶺南深山中有大竹，有水甚清澈，溪澗中水皆有毒，唯此水無毒，土人陸行多飲之。至深冬則凝結如玉，乃「天竹黄」也。王彦祖知雷州日，盛夏之官，山溪間水皆不可飲，唯剖竹取水，烹飪飲啜，皆用竹水。次年被召赴闕，冬行，求竹水不可復得。問土人乃知至冬則凝結不復成水。遇夜野火燒林，木爲煨燼，而竹黄不灰，如火燒獸骨而輕。土人多於火後採拾，以供藥品，不若生得者爲善。

以磁石磨針鋒則鋭處常指南，亦有指北者。恐石性亦不同。如夏至鹿角解，冬至麋角解。南北相反，理應有異，未深考耳。

吴人嗜河豚魚，有遇毒者往往殺人，可爲深戒。據《本草》：「河豚味甘温，無毒，補虚，去溼氣，理腰脚。」因《本草》有此説，人遂信以爲無毒，食之不疑，此甚誤也。《本草》所載河豚，乃今之鮰魚，亦謂之鮠五回反。魚，非人所嗜者，江、浙間謂之回魚者是也。吴人所食河豚有毒，本名侯夷魚。《本草注》引《日華子》云：「河豚，有毒，以蘆根及橄欖等解之。肝有大毒。又爲鯸魚、吹肚魚。」此乃是侯夷魚，或曰胡夷魚，非《本草》所載河豚也，引以爲注，大誤矣。《日華子》稱又名鯸魚，此卻非也，蓋差互解之耳。規魚，浙東人所呼。又有生海中者，腹上有刺，名海規。吹肚魚，南人通言之，以其腹脹如吹也。南人捕河豚法，截流爲栅，待羣魚大下之時。小拔去栅，使隨流而下，日莫猥至，自相排蹙，或觸栅則怒。而腹鼓浮於水上，漁人乃接取之。

零陵香，本名「蕙」，古之蘭蕙是也。又名「薰」。《左傳》曰：「一薰一蕕，十年尚猶有臭。」即此草也。唐人謂之鈴鈴香，亦謂之鈴子香，謂花倒懸枝間如小鈴也。至今京師人買零陵香須擇有零子者。鈴子，乃其花也。此本鄙語，文士以湖南零陵郡，遂附會名之。後人又收入《本草》，殊不知《本草》正經自有薰草條。又名蕙草，注釋甚明。南方處處有，《本草》附會其名，言出零陵郡，亦非也。

藥中有用蘆根及葦子、葦葉者。蘆葦之類，凡有十數多種【六】，蘆、葦、葭、菼、薍、萑、葸、息理反。華之類皆是也。名字錯亂，人莫能分。或疑蘆似葦而小，則薍非葦也。今人云：「葭，一名華。」郭璞云：「薍似葦，是一物。」按《爾雅》云「菼、薍、葦、蘆」蓋一物也。名字雖多，會之則是兩種耳。今世俗只有蘆與荻兩名。按《詩疏》亦將葭、菼等衆名判爲二物，曰：「此物初生爲菼，長大爲薍，成則名爲萑。初生爲葭，長大爲蘆，成則名爲葦。」故先儒釋「薍」爲「萑」，釋「葭」爲「葦」。予今詳諸家所釋葭、蘆、葦，皆蘆也，則菼、薍、萑自當是荻耳。《詩》云「葭菼揭揭」，則葭，蘆也。菼，荻也。又曰「萑葦」，則萑，荻也。葦，蘆也。連文言之，明非一物。又《詩釋文》云：「薍，江東人呼之爲烏蓲。」今吴中烏蓲草乃荻屬也，則萑薍爲荻明矣【七】。然《召南》「彼茁者葭」，謂之初生可也。《秦風》曰「蒹

【六】凡有十數多種　「多種」，四庫本作「種多」，學津本無「多」字。

【七】則萑薍爲荻明矣　「萑」原作「信」，據四庫本改。

葭蒼蒼，白露爲霜」，則散文言之，霜降之時亦得謂之葭，不必初生，若對文須分大小之名耳。荻芽似竹筍，味甘脆可食，莖脆，可曲如鉤，作馬鞭節。花嫩時紫，脆則白，如散絲，葉色重，狹長而白脊。一類小者，可爲曲薄，其餘唯堪供爨耳。蘆芽味稍甜，作蔬尤美，莖直，花穗生如狐尾，褐色，葉濶大而色淺。此堪作障席筐筥織壁覆屋絞繩雜用，以其柔韌且直故也。今藥中所用蘆根、葦子、葦葉，以此證之，蘆葦乃是一物，皆當用蘆，無用荻理。

扶移，即白楊也。《本草》有白楊，又有扶移。扶移一條本出陳藏器《本草》，蓋藏器不知扶移便是白楊，乃重出之。扶移亦謂之蒲移，《詩疏》曰「白楊，蒲移」是也。至今越中人謂白楊只謂之蒲移。藏器又引《詩》云：「棠棣之華，偏其反而。」又引鄭注云：「棠棣，移也，亦名移楊。」此又誤也。《論語》乃引逸詩「棠棣之華，偏其反而」，此自是小木，比郁李稍大，此非蒲移也。蒲移乃喬木耳。木只有常棣【八】，即《小雅》所謂「棠棣之華，鄂不韡韡」者，唐棣即《論語》所謂「唐棣之華，偏其反而」者，常棣，今人謂之「郁李」。《豳詩》云「六月食鬱及薁」，注云：「鬱，棣屬，即白移也。」以其似棣，故曰棣屬。又謂之「車下李」，又謂之「唐棣」。薁即郁李也。郁薁同音，注謂之蘡薁，蓋其實似蘡，蘡即含桃也。晉《宮閣銘》曰：「華林園中有車下李三百一十四株，薁李一株。」車下李，即鬱也、唐棣也、白移也。薁李即郁李也、薁也、常棣也，與蒲移全無交涉。《本草》續添「郁李，一名車下李」，此亦誤也。晉《宮閣銘》引華林園所種車下李與薁李自是二物，常棣字或作「棠

【八】木只有常棣　四庫本「只有」下有「棠棣，有唐棣，無棠，《爾雅》云：棠棣，棣也。唐棣，移也」十八字。

棣」，亦誤耳。今小木中卻有棣棠，葉似棣，黄花緑莖而無實，人家亭檻中多種之。

杜若即今之高良薑，後人不識，又別出高良薑條，如赤箭再出天麻條，天名精再出地菘條，燈籠草再出苦軀條【九】，如此之類極多。或因主療不同，蓋古人所書主療皆多未盡，後人用久，漸見其功，主療浸廣，諸藥例皆如此，豈獨杜若也。後人又取高良薑中小者爲杜若，正如用天麻、蘆頭爲赤箭也。又有用北地山薑爲杜若者。杜若，古人以爲香草，北地山薑何嘗有香？高良薑花成穗，芳華可愛。土人用鹽梅汁淹以爲葅，南人亦謂之「山薑花」，又曰「豆蔻花」。《本草圖經》云：「杜若，苗似山薑，花黄赤，子赤色，大如棘子，中似豆蔻，出峽山、嶺南北。」正是高良薑，其子乃紅蔻也。騷人比之蘭芷。然藥品中名實錯亂者至多，人人自主一説，亦莫能堅決。不患多記，以廣異同。

鉤吻，《本草》「一名野葛」。主療甚多。注釋者多端，或云可入藥用，或云有大毒，食之殺人。予嘗到閩中，土人以野葛毒人及自殺。或誤食者，但半葉許，入口即死。以流水服之，毒尤速，往往投杯已卒矣。經官司勘鞫者極多，灼然如此。予嘗令人完取一株觀之，其草蔓生，如葛，其藤色赤，節粗，似鶴膝，葉圓有尖，如杏葉而光厚，似柿葉，三葉爲一枝，如菉豆之類，葉生節間，皆相對，花黄細，戢戢然，一如茴香花，生於節葉之間。《酉陽雜俎》言「花似梔子稍大」，謬説也。根皮亦赤。閩人呼爲「吻莽」，亦謂之「野葛」，嶺南人謂之「胡蔓」，俗謂「斷腸草」。此草人間至毒之物，不入藥用，恐《本草》所出別是一

【九】燈籠草再出苦軀條 「軀」原作「耽」，據四庫本改。

物，非此鉤吻也。予見《千金外臺》藥方中時有用野葛者，特宜仔細【一〇】，不可取其名而誤用，正如侯夷魚與鰗魚同謂之河豚，不可不審也。

黄鐶即今之朱藤也，天下皆有，葉如槐，其花穗懸，紫色，如葛花，可作菜食，火不熟，亦有小毒。京師人家園圃中作大架種之，謂之「紫藤花」者是也。實如皁莢。《蜀都賦》所謂「青珠黄鐶」者，黄鐶即此藤之根也。古今皆種以爲亭檻之飾。今人採其莖於槐榦上接之，僞爲矮槐，其根入藥用，能吐人。

欒有二種：樹生，其實可作數珠者謂之「木欒」，即《本草》「欒花」是也。叢生，可爲杖棰者謂之「牡欒」，又名「黄荆」，即《本草》「牡荆」是也。此兩種之外，唐人《補本草》又有「欒荆」一條，遂與二欒相亂。欒花出《神農》正經，牡荆見於《前漢·郊祀志》，從來甚久。欒荆特出唐人新附，自是一物，非古人所謂欒荆也。

柴荆，陳藏器云：「樹似黄荆，葉小，無椏，夏秋子熟，正圓如小珠。」大誤也。紫荆與黄荆，葉叢生，小木，葉如麻葉，三椏而小。紫荆稍大，圓葉，實如樗莢，著樹連冬不脱。人家園亭多種之。

六朝以前醫方，唯有「枳實」無「枳殼」，故《本草》亦只有「枳實」。後人用枳之小嫩者爲枳實，大者爲枳殼，主療各有所宜，遂别出枳殼一條，以附枳實之後，然兩條主療亦相出入。古人言枳實者便是枳殼，《本草》中枳實主療便是枳殼主療，後人既别出枳殼條，

【一〇】特宜仔細　「仔」原作「子」，據四庫本、學津本改。

便合於枳實條内摘出枳殼主療，別爲一條。舊條内只合留枳實主療，後人以《神農本經》不敢摘破，不免兩條相犯，互有出入。予按，《神農本經》枳實條内稱：「主大風在皮膚中，如麻豆苦痒，除寒熱，結止痢，長肌肉，利五臟，益氣輕身，安胃氣，止溏泄，明目。」盡是枳殼之功，皆當摘入枳殼條。後來別見主療，如通利關節，勞氣，欬嗽，背膊悶倦，散瘤結，胸脇痰滯，逐水，消脹滿，大腸風，止痛之類，皆附益之，只爲枳殼條。舊枳實條内稱「除胸脇痰癖，逐停水，破結實，消脹滿，心下急痞痛，逆氣」，皆是枳實之功，宜存於本條，別有主療，亦附益之可也。如此二條始分，各見所主，不至甚相亂。

續筆談十一篇

魯肅簡公勁正，不徇愛憎出於天性。素與曹襄悼不協，天聖中，因議茶法，曹力擠肅簡，因得罪去。賴上察其情，寢前命止從罰俸。獨三司使李諮奪職，謫洪州。及肅簡病，有人密報肅簡，但云：「今日有佳事。」魯聞之，顧壻張昷之曰：「此必曹利用去也。」試往偵之，果襄悼謫隨州。肅簡曰：「得上殿乎？」張曰：「已差人押出門矣。」魯大驚曰：「諸公誤也。利用何罪至此？進退大臣，豈宜如此之遽。利用在樞密院，盡忠於朝廷，但素不學問，倔强不識好惡耳。此外無大過也。」嗟惋久之，遽覺氣塞，急召醫視之，曰：「此必有大不如意事動其氣，脈已絶，不可復治。」是夕肅簡薨。李諮在洪州聞肅簡薨，有詩曰：「空令抱恨歸黄壤，不見崇山謫去時。」蓋未知肅簡臨終之言也。

太祖皇帝嘗問趙普曰：「天下何物最大？」普熟思未答間，再問如前，普對曰：「道理最大。」上屢稱善。

杜甫詩有「家家養烏鬼，頓頓食黄魚」之句。近世注杜甫詩引《夔州圖經》稱「峽中人謂鸕鷀爲烏鬼。蜀人臨水居者皆養鸕鷀，繫繩其頸，使之捕魚，得魚則倒提出之，至今如此」。又嘗有近侍奉使過夔陜，見居人相率十百爲曹，設牲酒於田間，衆操兵仗，羣噪而祭，謂之「養鬼」，養讀從去聲。言烏蠻戰殤多與人爲厲，每歲以此禳之，又疑此所謂「養烏鬼」者。

寇忠愍拜相白麻，楊大年之詞，其間四句曰：「能斷大事，不拘小節。有干將之器，不露鋒鋩；懷照物之明，而能包納。」寇得之甚喜曰：「正得我胸中事。」例外別贈白金百兩。

陶淵明《雜詩》：「采菊東籬下，悠然見南山。」往時校定《文選》，改作「悠然望南山」，似未允當。若作「望南山」，則上下句意全不相屬，遂非佳作。

狄侍郎棐之子遵度有清節美才。年二十餘，忽夢爲詩，其兩句曰：「夜卧北斗寒掛枕，木落霜拱雁連天。」雖佳句，有丘墓間意。不數月卒。高郵士人朱適，予舅氏之壻也，納婦之夕夢爲詩兩句曰：「燒殘紅燭客未起，歌斷一聲塵繞梁。」不踰月而卒。皆不祥之夢。然詩句清麗，皆爲人所傳。

成都府知録雖京官，例皆庭參。蘇明允常言：「張忠定知成都府日，有一生，忘其姓名，爲京寺丞，知録事參軍，有司責其庭趨，生堅不可。忠定怒曰：『唯致仕即可免。』生遂投牒乞致仕，自袖牒立庭中，仍獻一詩辭忠定，其間兩句曰：『秋光都似宦情薄，山色不如歸意濃。』忠定大稱賞，自降階執生手曰：『部内有詩人如此而不知，詠罪人也。』遂與之升階置酒，歡語終日，還其牒，禮爲上客。」

王元之知黄州日，有兩虎入郡城夜闘，一虎死，食其半，又羣雞夜鳴。司天占之曰：「長吏災。」時元之已病，未幾移刺蘄州，到任謝上表兩聯曰：「宣室鬼神之問，絶望生還；茂陵封禪之書，付之身後。」上聞之愕然，顧近侍曰：「禹偁安否，何以爲此語？」不踰月元之果卒，年四十八。遺表曰：「豈知遊岱之魂，遂協生桑之夢。」

元祐六年，高麗使人入貢。上元節，於闕前賜酒，皆賦觀燈詩，時有佳句。進奉副使魏繼延句有「千仞綵山擎日起，一聲天樂漏雲來」，主簿朴景綽句有「勝事年年傳習久，盛觀今屬遠方賓」。

歐陽文忠有奉使回寄劉元甫詩云：「老我倦鞍馬，誰能事吟嘲。」王荆公贈弟和甫詩云：「老我銜主恩，結草以爲期。」言「老我」則語有情，上下句皆有惜老之意。若作「我老」，與「老我」雖同，而語無情，詩意遂頽惰。此文章佳語，獨可心喻。

韓退之詩句有「斷送一生唯有酒」，又曰「破除萬事無過酒」。王荆公戲改此兩句爲「一字題」四句曰：「酒，酒，破除萬事無過，斷送一生唯有。」不損一字，而意韻如自爲之。

圖書在版編目(CIP)數據

全宋筆記. 第二編 三 / 朱易安 傅璇琮等主編.— 鄭州 :
大象出版社, 2006. 1 (2017. 1 重印)
ISBN 978-7-5347-4186-9

Ⅰ. 全… Ⅱ. ①朱…②傅… Ⅲ. 筆記—中國—宋代—選集
Ⅳ. Z429. 44

中國版本圖書館 CIP 數據核字(2005)第 151713 號

全宋筆記 第二編 三

出版人 王劉純
特約編輯 陳 新
責任編輯 郭一凡
整體設計 張 勝
出版發行 大象出版社
鄭州市開元路16號450044
製 版 上海杰申電腦排版有限公司
印 刷 北京匯林印務有限公司
版 次 2017年1月第1版第3次印刷
開 本 640mm×960mm 1/16 16.5印張
字 數 153千字
定 價 45.00元